도서출판 대장간은
쇠를 달구어 연장을 만들듯이
생각을 다듬어 기독교 가치관을
바르게 세우는 곳입니다.

대장간이란 이름에는
사라져가는 복음의 능력을 되살리고,
낡은 것을 새롭게 풀무질하며, 잘못된 것을
바로 세우겠다는 의지가 담겨져 있습니다.

www.daejanggan.org

전도학시리즈

현대기독교복음전도론

김주원

현대기독교복음전도론

지은이	김주원
초판발행	2024년 2월 20일
펴낸이	배용하
책임편집	배용하
등록	제364-2008-000013호
펴낸 곳	도서출판 대장간
	www.daejanggan.org
등록한 곳	충청남도 논산시 가야곡면 매죽헌로1176번길 8-54
편집부	전화 (041) 742-1424
영업부	전화 (041) 742-1424 · 전송 0303 0959-1424
ISBN	978-89-7071-660-2 03230
분류	기독교	실천신학| 복음전도

값 14,000원

복음전도란

자기를 비워 남을 채우는 일이다.

자기 영혼을 쏟아 남의 영혼에 부어 넣는 일이다.

곧 자기는 죽고 남을 살리는 일이다.

전도는 언어전달이나 글자의 배열이 아니다.

생명을 주고받음이다."

- 우치무라 간조-

저자서문

저자는 복음전도자이고 전도학을 연구하는 학자이다. 마태복음 28장 18절부터 20절까지의 예수 그리스도의 지상명령이 저자의 비전이고, 지금도 국내외에서 복음전도에 정진하고 있다. 모태신앙인으로 신앙생활을 하다가 대학에 입학을 하면서 대학생선교와 세계선교에 앞장서고 있는 제자들 선교회에서 제자훈련과 복음전도훈련을 받았다. 그리고 본격적으로 대학을 졸업한 1997년부터 광주광역시에 있는 대학 캠퍼스에서 복음전도와 제자훈련사역을 했다. 당시 대학가에는 학생운동이 한창이었다. 매일 아침 캠퍼스에 나가면 운동권 학생들 백여 명이 광장에 모여 교육과 훈련을 하던 모습이 아직도 생생하다. 사도 바울이 감옥에서 전신갑주로 무장한 군인들을 보았다면, 저자는 운동권 학생들이 사상으로 무장하기 위해 교육하고 훈련하는 모습을 보았던 것이다.

저자는 복음전도를 위해 성경과 전도훈련교재를 집중적으로 연구하고 현장에 적용했다. 이런 과정 속에 기독교 이단 종파에 속한 학생들을 만나게 되었다. 대표적인 단체가 신천지예수교증거장막성전신천지, 기독교복음선교회JMS, 기쁜소식선교회IYF이다. 본래 저자는 기독교이단에 대해 전혀 관심이 없었다. 오직 복음전도와 제자훈련이 저자의 목표였다. 그런데 기독교 이단과 그들의 왜곡된 성경해석은 복음전도에 걸림돌이 되었다. 그래서 효과적인 복음전도를 위해 기독교 이단의 종류, 역사, 교리, 포교방법 등을 연구했다. 이 결과로 일반 대학생들 뿐 아니라 이단에 빠진 대학생들에게 올바른 복음을 전하여 그곳에서 나올 수 있도록 도울 수 있었다.

저자의 학문적 연구는 실천신학이다. 그리고 실천신학 중 전도학이다. 그리고 전도학 중 이단대처사역론에 남다른 전문성을 갖고 있다. 현재 한국침례신학대학교에서 "기독교와 이단", "이단대처와 복음전도" 과목을 학생들에게 가르치고 있다. 그 동안 국내외 지역교회와 여러 단체에서 복음전도를 위한 이단대처사역론 강의를 약 3,000회 이상 실시했다. 앞으로 저자는 『현대기독교복음전도론』을 시작으로 전도학 시리즈를 계속 출간할 것이다. 그 동안 전도학을 집중적으로 연구하면서 사우스웨스턴 침례신학대학원 전도학 교수 스카보로우와 사우스이스턴 침례신학대학교 전도학 교수 앨빈 레이드 그리고 한국침례신학대학교 전도학 교수를 역임한 이명희 박사의 전도학 저서 등을 깊이 연구했다. 앞서간 석학들의 전도학 저서 안에는 이단대처사역분야를 심도 있게 다루고 있다는 것을 발견했다. 저자는 여러 전도학 학자들의 연구방법을 참고하여 전도학 책을 집필하게 되었고, 복음전도의 장애물인 이단을 깊이 이해할 수 있도록 이단대처사역론을 비중있게 본서에 수록했다.

현대기독교복음전도론은 총 3부로 되어 있다. 제Ⅰ부는 복음전도 이론 편이다. 복음전도와 관련해서 선행적으로 이해해야 할 이론을 기술했다. 제Ⅱ부는 현대복음전도를 위한 이단에 대한 선이해이다. 본서가 다른 전도학 도서와 차별성이 두드러지게 나타나는 부분이라고 할 수 있겠다. 현재 국내외 교회들은 기독교 이단들의 심각한 공격을 받고 있다. 이런 상황 속에서 단순히 이단을 대처한다는 의미보다는 복음전도의 큰 장애물에 대한 이해와 복음의 변증을 통해 이단에 미혹된 사람들까지도 복음전도를 통해 회심하고 예수 그리스도를 구주로 영접하고 믿을 수 있도록 도울 수 있는 구체적인 방안을 모색하는 것은 반드시 필요하다. 제Ⅲ부는 현대 기독교 복음전도 적용과 실천이다. 복음전도를 국내외 현장에서 효과적으로 전달할 수 있는 방법을 제시했다. 특별히 "전도하는 제자들" 복음전도훈련과 "생명을 주는 사랑" 소책자 전도법을 제자들선교회 이사회의 동의를 받아 본서에 수록했다. 모쪼록 현대기독교복음전도론이 복음전도현장에서 유익하게 활용되기를 간절히 소망한다.

김주원

한국침례신학대학교 실천신학 겸임교수
기독교한국침례회 주원교회 담임목사

차/례

Ⅰ. 복음전도 이론편

제1장 • 복음전도의 정의

예수 그리스도는 온 천하에 다니며 만민에게 복음을 전파하라고 명령했다.막16:15 전도학과 관련된 중요하고 의미 있는 책 안에 복음전도에 대한 다양한 정의들이 수록되어 있다. 여러 학자들의 저술에 기록된 복음전도의 정의를 살펴보는 것은 큰 의미가 있다. 존 테리는 그의 저서 『전도하는 교회가 성장한다』*Church Evangelism*에 다양한 학자들과 로잔대회에서 말한 복음전도 정의에 대해 다음과 같이 기술했다.[1]

> 윌리엄 템플: "복음 전도는 사람들로 하여금 그리스도를 자신의 구주와 왕으로 영접하게 하여 그들이 교회에서의 친교와 봉사에 참여하게 하는 것이다."

> 존 스토트: "복음 전도는 예수의 복음을 선포하거나 선언하는 것을 의미한다."

> C.E. 오트리: "복음 전도란 뜨거운 열정을 갖고 복음을 증거하며, 듣는 이들을 주님의 제자로 만들고자 하는 분명한 목적을 갖고서 가르치며 전도하는 것이다."

---

1) 존 테리, 『전도하는 교회가 성장한다』, 김태곤 옮김 (서울: 생명의말씀사, 2001), 10.

델로스 마일스: "복음전도는 성령의 권능으로 말미암아 사람들과 단체들을 그리스도의 주권에 복종시키기 위해 하나님 나라의 복음을 전하고 행하는 것이다."

존 테리: "복음전도는 성령의 권능 안에서 예수 그리스도를 소개하여 사람들로 하여금 그분의 제자가 되게 하는 것이다."

로잔 언약: "복음전도란 사람들을 설복시켜 개인적으로 그리스도께 나아가게 하며 하나님과 더불어 화목하게 할 목적으로 역사적이고 성경적인 그리스도를 선포하는 것이다."

일본 신학자 우치무라 간조는 복음전도를 다음과 같이 말했다.

"자기를 비워 남을 채우는 일이다. 자기 영혼을 쏟아 남의 영혼에 부어 넣는 일이다. 곧 자기는 죽고 남을 살리는 일이다. 전도는 언어전달이나 글자의 배열이 아니다. 생명을 주고받음이다."[2]

영국 성공회 대주교 위원회는 복음전도를 다음과 같이 정의했다.

"복음전도란 성령의 능력으로 그리스도 예수를 제시해 그분을

---

2) 배창돈, 『대각성 전도집회 소그룹교재』(서울: (주)필로, 2016), 26.

통해 하나님을 믿게 하고, 그분을 구원자로 영접하게 하며, 교회의 교통 안에서 그분을 왕으로 섬기게 하는 것을 의미한다."[3]

루이스 드루몬드는 복음전도를 다음과 같이 말했다.

"하나님을 향한 회개와 우리 주 예수 그리스도를 믿게 하여, 결국에는 성령 안에서 성장할 수 있도록 그분의 교회 안에서의 교제로 인도할 목적으로, 비신자들을 예수 그리스도에 대한 진리와 우리 주님의 요구에 대면하게 하기 위해 성령의 능력 안에서 합심하는 노력이다."[4]

델로스 마일스는 여러 기독교 신학자들의 책에서 발견한 복음전도에 관한 여섯 가지 개념들을 다음과 같이 제시했다.[5]

1. 주 예수 그리스도를 증거함증거
2. 사람들을 주 예수 그리스도께로 회심시킴영혼 구원
3. 주 예수 그리스도를 선포함선포
4. 주 예수 그리스도를 위한 제자로 만듦제자화
5. 주 예수 그리스도를 위하여 교회를 세우고 성장시킴교회 성장

---

3) 제임스 패커, 『복음전도란 무엇인가』, 조계광 옮김 (서울: 생명의 말씀사, 2012), 2.
4) 앨빈 레이드, 『복음주의 전도학』, 임채남 옮김 (서울: CLC, 2018), 48.
5) 존 테리, 『전도하는 교회가 성장한다』, 9.

위에서 복음전도에 관한 다양한 정의를 살펴보았다. 정리하면 좁은 의미로는 예수 그리스도를 믿음으로 구원을 얻는다는 소식을 전파하는 것이 복음전도다. 그리고 넓은 의미로는 예수 그리스도를 전파하고, 복음을 믿고, 영혼이 구원을 받고, 제자가 되어, 신앙고백과 세례침례를 받고, 교회 회원이 되는 것을 의미한다.

제2장 • 복음전도의 중심-예수 그리스도

"야곱은 마리아의 남편 요셉을 낳았으니 마리아에게서 그리스
도라 칭하는 예수가 나시니라" 마1:17

"예수 그리스도의 나심은 이러하니라 그의 어머니 마리아가 요
셉과 약혼하고 동거하기 전에 성령으로 잉태된 것이 나타났더
니" 마1:18

"아들을 낳으리니 이름을 예수라 하라 이는 그가 자기 백성을
그들의 죄에서 구원할 자이심이라" 마1:21

성경에 기록된 그리스도는 기름부음을 받은 자라는 뜻을 가진 헬라어
'크리스토스christos'의 한글식 표기다.[6] 성경에서 그리스도라는 용어는 매
우 중요하다. 그래서 신약성경 속에 총 531회가 기록되었다.[7] 지금으로부
터 약 2,000년 전, 복음전파가 예수님의 가르침을 받은 제자들을 중심으로
퍼져나가기 시작했다. 복음이 온 세상에 전파되는 과정 속에서 중국에 복음

---

6) "그리스도," 『아가페 성경사전』, 1997년 판, 173.
7) "그리스도." 『예수복음서사전』, 2003년 판, 110.

이 들어가게 되었고, 예수님을 믿는 사람들이 늘어나게 되면서 중국어 한자로 된 성경번역이 필요하게 되었다. 그렇다면 중국어 한자 성경은 헬라어 '크리스토스'를 무엇이라고 번역했을까? 중국어 성경은 '크리스토스'를 '기독'基督이라고 번역했다. 이후 조선 땅에도 선교사들이 복음전파를 위해 들어오게 되었다. 당연히 조선 땅에도 한글로 된 성경번역이 필요하게 되었다.

한글 성경은 헬라어 '크리스토스'를 한글식 발음 '그리스도'로 번역했다. 결국 헬라어 '크리스토스'는 중국어 한자식 표기로 '기독'이고, 한글식 표기로 '그리스도'인 것이다. 즉 '그리스도'와 '기독'은 똑같은 말로서 나라별로 표기하는 방식만 다른 것이다. 그러니 기독교가 그리스도교인 것이다. 그렇다면 예수교는 무엇인가? 그리스도이신 예수님을 믿는 신앙이 예수교다.[8] 우스갯소리 같지만 기독교는 기독이신 예수님을 믿는 신앙, 그리스도교는 그리스도이신 예수님을 믿는 신앙, 예수교는 예수님을 그리스도로 믿는 신앙이다. 결론적으로 말하자면, 기독교, 그리스도교, 예수교는 모두 같은 뜻이다. 김주원은 '기독교'와 '그리스도교'에 대해 다음과 같이 말한다:

---

8) 초대교회 신자들은 예수 그리스도의 명령을 따라서 복음전도에 전념했다. 이 과정 속에 복음전도의 장애물이 등장하게 된다. 그 장애물은 기독교 이원론적(dualistic) 영지주의(Gnosticism) 사상이었다. 그들은 영적세계는 선하고 거룩하고 반대로 물질세계는 악하고 죄스럽게 보았다. 그렇기 때문에 하나님이 성육신한다는 것을 받아들일 수 없었다. 초대교회 당시 신플라톤주의 헬라사상이 기독교 신앙과 혼합된 형태로 나타나 기독교회를 혼란하게 했다. 그래서 예수는 육이고, 그리스도는 영이기 때문에 예수를 믿음으로 구원받을 수 없고, 영인 그리스도를 믿어야 구원을 받는다고 주장했다. 또 기독교 영지주의자들은 가현설(docetism)을 주장했다. 현대 기독교 이단종파들 중 다수가 예수와 그리스도를 분리한다. 예수는 인성이고, 그리스도는 신성이기 때문에 예수가 아닌 그리스도를 믿어야만 구원을 얻을 수 있다고 주장한다. 라은성, 『정통과 이단(1)』(서울: 도서출판 그리심, 2008), 22-31.

"한국 사람들이 사용하는 말 중에 한사가 많이 있나. 우리가 사용하는 성경 안에도 한자식 표기가 많이 있다. '그리스도'를 한자로 표기할 때는 '기독'基督으로 쓰고 있다. 그래서 '그리스도교'를 '기독교'基督敎라고 하는 것이다."9)

9) 김주원, 『이단대처를 위한 진검승부』 (대전: 도서출판 대장간, 2010), 93.

제3장 • 복음전도의 핵심-하나님의 은혜

　20세기를 대표하는 복음주의 신학자 제임스 패커는 복음전도와 관련해서 책을 썼다. 그의 저서는 『복음전도란 무엇인가』인데, 본래 원제목은 *Evangelism & The Sovereignty of God*이다. 복음전도는 하나님의 절대주권이라는 뜻이다. 복음전도는 영혼구원과 연관되어 있다. 복음전도를 통한 영혼구원이 되고 안 되고는 전적으로 하나님의 주권에 있는 것이다. 패커는 복음전도가 인간의 일이 아닌 하나님의 주권이라는 것을 다음과 같이 말한다.

　　"복음전도의 성공을 방해하는 데는 두 가지 요인이 있다. 하나는 하나님을 거역하려는 인간의 불가피한 본성이고, 다른 하나는 인간을 불신앙과 불순종의 상태로 붙잡아두려는 사탄의 적극성이다.... 복음전도를 인간의 일로 생각하면 어떤 희망도 발견하기 어렵다. 복음전도는 원리상 원하는 결과를 낳을 수 없다. 물론 명확하고, 매혹적이고, 유창하게 설교 말씀을 전할 수는 있다. 가장 정확하고 도전적인 방법으로 개인에게 복음을 전할 수도 있다. 특별 집회를 마련하고, 전도지를 돌리고, 전단지를 붙이고, 온 나라에 광고를 할 수도 있다. 하지만 그런 모든 노력이 단 한 영혼이라도 하나님께 인도할 수 있는 전망은 눈곱만큼도 없다. 뭔가 우리의 노력을 넘어서는 다른 요인이 개입하지 않는다

면 복음전도는 아무 결실도 거두지 못할 것이 분명하다. 이는 우
리가 직시해야 할 엄연한 사실이다.”[10]

패커의 주장은 옳다. 복음전도자가 복음전도를 하나님의 일이라고 분명하게
인식하는 것은 복음전도의 시발점이 된다. 사도 바울은 에베소교회에 서신을 보
냈다. 그는 에베소교회 신자들이 하나님의 선물인 구원을 받았다고 말했다.

> “너희는 그 은혜에 의하여 믿음으로 말미암아 구원을 받았으
> 니 이것은 너희에게서 난 것이 아니요 하나님의 선물이라 행위
> 에서 난 것이 아니니 이는 누구든지 자랑하지 못하게 함이라”엡
> 2:8-9

바울은 은혜에 의하여 에베소교회 신자들이 구원을 얻게 되었다고 말했
다. 에베소서 2장 8절의 KJV과 NIV 영어성경을 참고하면 다음과 같다.

> “For by grace are ye saved through faith; and that not of your-
> selves: it is the gift of God” Ephesians 2:8, KJV

> “For it is by grace you have been saved, through faith—and
> this is not from yourselves, it is the gift of God” Ephesians 2:8,
> NIV

---

10) Ibid., 157-9.

우리말 성경은 "은혜에 의하여"라고 번역되어 있는 구절은 영어성경에서 'by grace'로 되어 있다. 이 말은 신자들이 어떻게 하나님의 구원을 선물로 받을 수 있는가에 대해서 분명하게 말하고 있는 것이다. 그 어떤 다른 것으로 구원을 얻을 수가 없고 오직 하나님의 은혜로 구원을 얻는다는 것이 성경의 가르침이다. 이것이 복음전도의 핵심이다. 하나님의 은혜가 아니고서는 그 어떤 사람도 구원을 얻을 수가 없는 것이다.

제4장 • 복음전도의 통로-믿음으로

사복음서 중 가장 먼저 기록된 성경은 마가복음이다. 마가복음 1장을 보면 예수님이 세례침례를 받으시고 본격적으로 복음전파에 임하시는 것을 볼 수 있다.

> "요한이 잡힌 후 예수께서 갈릴리에 오셔서 하나님의 복음을 전파하여 이르시되 때가 찼고 하나님의 나라가 가까이 왔으니 회개하고 복음을 믿으라 하시더라"막1:14-15

예수님은 공생애 기간 동안 영혼구원을 위한 복음전도와 제자양육에 집중했다. 복음을 듣는 사람들에게 요구되는 것은 단 한 가지, 복음을 믿는 것이었다. 복음을 믿는다는 것은 지적 동의를 의미하는 것이 아니다. 성경에서 말씀하는 믿음은 복음을 듣는 사람이 전인격적으로 자신에게 있는 지성과 감성과 의지를 동원하여 예수님과 하나님의 복음을 받아들이는 것이다. 마가복음 5장을 보면 열두 해를 혈루증으로 고통당하는 여인이 등장한다. 여인은 예수님의 소식을 듣고 구원에 대한 간절한 소망을 품게 되었다. 그리고 많은 무리 속을 간신히 뚫고 들어가서 예수님의 옷에 손을 대었다. 그 결과로 여인은 병에서 고침을 받게 되었다.

"예수께서 이르시되 딸아 네 믿음이 너를 구원하였으니 평안히 가라 네 병에서 놓여 건강할지어다"막5:34

성경은 믿음으로 구원을 얻는다는 것을 분명하게 말한다. 다음의 성경구절을 보면 구원이 믿음과 긴밀한 관계에 있다는 것을 알게 될 것이다.

"영접하는 자 곧 그 이름을 믿는 자들에게는 하나님의 자녀가 되는 권세를 주셨으니"요1:12 / 11)

"하나님이 세상을 이처럼 사랑하사 독생자를 주셨으니 이는 그를 믿는 자마다 멸망하지 않고 영생을 얻게 하려 하심이라"요3:16

"이르되 주 예수를 믿으라 그리하면 너와 네 집이 구원을 받으리라 하고"행16:31

성경에서 믿음으로 영혼구원을 받는다는 내용은 차고 넘칠 정도로 많다. 사도 바울은 에베소교회 신자들에게 구원은 하나님의 은혜로 얻게 된다고

---

11) 세계복음화전도협회 류광수는 예수의 이름으로 구원받는 단계를 다음과 같이 말한다: 1. 아는 단계 2. 믿는 단계 3. 영접하는 단계 4. 시인하는 단계. 류광수는 예수를 믿는 것과 영접하는 것이 다르다고 주장한다. 그러나 요한복음 1장 12절은 영접하는 자가 곧 믿는 자라고 명확하게 말하고 있다. 서춘웅, 『교회와 이단』(서울: 크리스챤서적, 2010), 903-4.

말했다. 이 때 믿음은 어떤 역할을 하는 것일까? 영어성경은 다음과 같이 기록하고 있다.

"For by grace are ye saved through faith; and that not of your-selves: it is the gift of God" Ephesians 2:8, KJV

"For it is by grace you have been saved, through faith—and this is not from yourselves, it is the gift of God" Ephesians 2:8, NIV

하나님의 은혜로 구원을 얻는다고 할 때는 전치사 by로 기록되었고, 믿음으로 구원을 얻는다고 할 때는 through를 사용하고 있다. 이것은 하나님의 구원은 은혜로 받는 것이지만 복음을 듣는 사람들이 어떻게 반응해야 하는가를 잘 설명하고 있다. 복음을 듣는 사람은 복음을 믿음으로 마음으로 받아들일 때 구원을 얻는다. 그래서 바울은 로마서에서 다음과 같이 말했다.

"사람이 마음으로 믿어 의에 이르고 입으로 시인하여 구원에 이르느니라" 롬10:10

"그런즉 그들이 믿지 아니하는 이를 어찌 부르리요 듣지도 못한 이를 어찌 믿으리요 전파하는 자가 없이 어찌 들으리요 보내심을 받지 아니하였으면 어찌 전파하리요 기록된 바 아름답도다

좋은 소식을 전하는 자들의 발이여 함과 같으니라" 롬10:14-15

그렇다면 믿는다는 것은 무엇일까? 예수님을 믿는다는 것은 예수님을 신뢰한다는 것이다. 헬라어에서는 '믿음'belief, '신앙'faith, '의지'trust는 유사한 의미로 사용한다.[12] 알리스터 맥그라스는 신앙은 관계적 용어이고 믿음은 인지적 혹은 개념적 용어이며, 믿음은 신앙의 내용을 언어로 표현한 것이라고 말했다.[13]

---

12) J. D. 페인, 『복음전도』, 허준 옮김 (서울: 요단출판사, 2020), 42.
13) 알리스터 맥그라스, 『HERESY』, 홍병룡 옮김 (서울: 포이에마, 2011), 40.

제5장 • 복음전두의 장애물-죄

복음전도의 최대의 장애물은 죄이다. 예수 그리스도는 복음전도를 위한 공생애 사역을 시작하면서 죄의 문제를 다루었다.

> "이 때부터 예수께서 비로소 전파하여 이르시되 회개하라 천국
> 이 가까이 왔느니라 하시더라"마 4:5

> "이르시되 때가 찼고 하나님의 나라가 가까이 왔으니 회개하고
> 복음을 믿으라"막 1:15

그렇다면 죄란 무엇일까? 죄는 성경적 기준에서 어긋나는 모든 것을 뜻하는 법적, 신학적 용어이다.[14] 죄는 원어로 '하마르티아'이다. 헬라어 '하마르티아'는 "과녁에서 빗나가다"는 뜻이다. 활을 쏘는 궁수가 과녁의 중심을 향해 활을 쏜다. 올림픽 경기 종목 양궁은 보는 이로 하여금 손에 땀을 쥐게 한다. 화살 한 발 한 발이 과녁의 중심에 맞으면 궁수와 응원단은 환호한다. 그러나 화살이 과녁에서 빗나가면 슬픔과 좌절 그리고 한숨을 쉰다. 죄는 하나님의 뜻에서 벗어난 모든 말과 생각 그리고 행동을 지칭한다. 하나님께서 인간을 향한 뜻이 있는데, 이것으로부터 벗어나는 말, 생각 그리

---

14) "죄," 『신약성서신학사전』, 2002년 판, 49.

고 행동이 죄인 것이다.

죄의 문제는 복음전도의 장애물이다. 죄는 복음을 거부하게 하고, 복음을 밀어내려고 한다. 죄는 하나님과 인간 사이를 가로막는 장벽이다. 그래서 하나님의 아들 예수 그리스도께서 성육신한 것이다. 성육신하신 예수 그리스도는 하나님과 인간 사이에 있는 죄 문제를 해결하시기 위해 속죄의 어린양이 되셨다. 예수 그리스도의 십자가에서 피 흘려 죽으심으로 하나님과 인간 사이에 놓여 있던 죄를 해결하셨다. 그래서 예수 그리스도는 중보자 Mediator가 되신 것이다.

> "하나님은 모든 사람이 구원을 받으며 진리를 아는 데에 이르기를 원하시느니라 하나님은 한분이시오 또 하나님과 사람 사이에 중보자도 한 분이시니 곧 사람이신 그리스도 예수라 그가 모든 사람을 위하여 자기를 대속물로 주셨으니 기약이 이르러 주신 증거니라" 딤전 2:4-6

복음전도자는 죄의 문제를 해결하고 복음을 성공적으로 전파할 수 있도록 중보자이신 예수 그리스도를 철저하게 의지해야 한다. 왜냐하면 죄의 문제는 인간의 지혜와 힘과 능력으로 해결할 수 없는 것이기 때문이다.

제6장 • 복음전도의 대상-인간

예수 그리스도는 만민에게 복음을 전하라고 말씀하셨다.막 16:15 그리고 모든 민족에게 복음이 전파될 때 비로소 세상의 끝이 온다고 말씀하셨다.

> "이 천국 복음이 모든 민족에게 증언되기 위하여 온 세상에 전 파되리니 그제야 끝이 오리라"마 24:14

바울은 유대인이나 헬라인을 구분하지 않고 복음을 전했다.

> "바울이 회당에 들어가 석 달 동안 담대히 하나님 나라에 관하 여 강론하며 권면하되 어떤 사람들은 마음이 굳어 순종하지 않 고 무리 앞에서 이 도를 비방하거늘 바울이 그들을 떠나 제자들 을 따로 세우고 두란노 서원에서 날마다 강론하니라 두 해 동안 이같이 하니 아시아에 사는 자는 유대인이나 헬라인이나 다 주 의 말씀을 듣더라"행 19:8-10

복음전도의 대상은 지구상에 있는 모든 인간이다. 성경은 두 종류의 사 람이 있다고 분명하게 말한다.

"인자가 자기 영광으로 모든 천사와 함께 올 때에 자기 영광의 보좌에 앉으리니 모든 민족을 그 앞에 모으고 각각 구분하기를 목자가 양과 염소를 구분하는 것 같이 하여 양은 그 오른편에 염소는 왼편에 두리라"마 25:31-33

두 종류의 사람은 하나님을 믿는 사람과 믿지 않는 사람이다. 또 구원을 받은 사람과 구원을 받지 못한 사람이다. 복음전도의 대상은 구원을 받지 못한 사람들이다. 그래서 교회는 복음을 전파하고, 복음전도자와 선교사를 국내외에 파송한다.

현재 복음전도를 효과적으로 하기 위해 여러 종류의 전도지가 활용되고 있다. 그 중에 초교파 기독학생운동단체인 대학생선교회 CCC: Campus Crusade for Christ에서 제작한 '사영리'가 널리 사용되고 있다. 복음전도자들이 사영리를 가지고 많은 사람들에게 전했고, 수많은 사람들이 예수 그리스도를 구주로 영접하고 믿었다. 그런데 사영리 내용 중 세 종류의 사람이 나온다. 신약성경 고린도전서 2장 14절부터 3장 3절까지의 말씀을 근거로 세 종류의 사람이 있다고 주장한다. 사영리에서 말하는 세 종류의 사람은 다음과 같다. 첫째는 자연인Natural man, 둘째는 영적인 사람Spiritual man, 셋째는 세속적인 사람Carnal man이다. 사영리에서 자연인은 비기독교인이고, 영적인 사람은 하나님을 의지하는 사람이고, 세속적인 사람은 하나님을 의지하지 않는 그리스도인이다. CCC는 바울이 고린도교회에 편지를 썼을 때, 세 종류의 사람을 말했다고 해석한다. 그러나 바울은 세 종류의 사람을 말한 적이 없다. 안토니 A, 후쿠마는 사영리의 "세속적인 그리스도인"에 대한 해석의 오류를 지적하면서 다음과 같이 말했다.

"그러나 세속적인 그리스도인에 대한 이러한 가르침은 명백히 배척되어야 한다. 왜냐하면 그것은 성경 어느 곳에서도 얘기하고 있지 않는 형태의 그리스도인을 기술하고 있기 때문이다. 분명히 바울도 "그리스도 안에서도 단지 어린 아이와" 같은 그리스도인이 있음을 인정하고 있다.고전 3:1 히브리서 저자는 "그리스도 도의 초보를 버리고 완전한 데로 나아가야" 할 자들에 관해 글을 쓰고 있 다.히 6:1 정말로 그리스도인 가운데서도 여러 수준의 성숙도가 존재하며, 그러기에 그리스도 안에 있는 모든 자들이 계속적으로 온전함을 향해 나아가야 할 필요성이 있는 것이다. 그러나 그리스도인 가운데서 하나의 분리된 범주로서의 "세속적인 그리스도인"의 개념은 오해의 소지가 있을 뿐만 아니라 해롭기까지 한 것이다."[15]

후쿠마의 지적은 정당하고 옳은 것이다. 성경에서 말하는 인간은 두 종류이지 세 종류가 아니다. 영적인 사람과 세속적인 사람은 그리스도인의 두 상태인 것이지, 두 종류가 아니다. 성경은 거듭난 사람과 거듭나지 못한 사람요 3:3,5, 그리스도를 믿는 자와 믿지 않는 사람요 3:36, 육체를 따라 사는 사람과 성령을 따라 사는 사람롬 8:5, 신령한 사람과 신령치 못한 사람으로 구

---

15) 안토니 A. 후쿠마, 『개혁주의 구원론』, 류호준 역 (서울: 기독교문서선교회, 1999), 37-8.

분하고 있다.[16] 복음전도자는 성경에서 가르치고 있는 인간에 대한 정확한 이해를 할 필요가 있다. 또 성경에 기초한 인간론을 올바르게 정립할 때, 복음전도의 대상인 인간에게 왜 복음이 필요한 것인지 분명하게 이해하고 담대하게 전할 수 있는 것이다.

16) Ibid., 38.

제7장 • 복음의 정의

　세상에는 듣기 좋은 소리와 불쾌한 소리가 공존한다. 성경은 영혼구원을 전해주는 소식을 복음이라고 말한다. 복음은 듣기가 좋고, 분명한 소리, 맑고 깨끗한 소리, 공감을 일으키고 기쁨을 주는 소리, 다른 사람에게도 알리고 싶은 소리이다. 반면 사람들을 불쾌하게 하는 소리도 있다. 그 대표적인 것인 소음이다. 말 그대로 소란스러운 소리다. 소음은 듣는 사람을 불쾌하게 하고, 감정을 상하게 하며, 절망에 이르게 하고, 짜증을 유발하게 하고, 불안하게 한다. 세례침례 요한은 자신을 소리라고 말했다.

　　"이르되 나는 선지자 이사야의 말과 같이 주의 길을 곧게 하라
　　고 광야에서 외치는 자의 소리로라 하니라" 요1:23

　복음은 기쁜 소식으로 헬라어 '유앙겔리온'을 번역한 것이다. 신약성경 요한계시록은 A.D. 95년에 기록되었다. 이로써 신약성경은 더 이상 기록되지 않았다. 신약성경의 배경은 로마제국시대이다. 로마제국에서는 '유앙겔리온'이 친숙한 단어였다. 모든 길은 로마로 통한다는 말이 있듯이 로마는 전쟁을 통하여 제국의 땅을 넓혔다. 승승장구하는 제국의 군대는 거칠것이 없었고, 전쟁의 승리 소식은 전령을 통해 황제가 있는 로마에 전달되었다. 전쟁에서 로마가 승리했다는 소식은 황제와 로마인들에게 기쁜 소식

즉 복음이었다. 이 때 기쁜 소식, 복된 소리가 '유앙겔리온'이다. 그리고 '유앙겔리온'은 황제와 관련해서 사용된 단어다.

　로마의 황제는 백성들에게 자신을 숭배하게 하였다. 그래서 곳곳에 황제 신전을 지어서 자신을 신으로 경배하게 했다. 황제의 명령을 거역할 수 있는 사람은 아무도 없었다. 신전에서 황제에게 제사를 드린 사람은 제사를 드렸다는 증표를 받았다. 이것이 없는 사람은 황제의 명령을 거역하는 사람이면서 자신을 보호해주는 로마제국에 애국심이 없는 사람으로 간주되어 처벌을 받았다. 반면 황제에게 제사를 드린 사람은 증표를 가지게 되고, 자유롭게 로마제국 안에서 활동과 매매 등을 할 수 있었다. 유재덕은 제사증에 대해 다음과 같이 말했다.

　　　"누구든지 황제에게 제사를 지내고 리벨루스libellus라는 이름의 제사증을 받도록 요구했다. 제사증이 없으면 예외 없이 투옥되고 고문을 당했다."[17]

　이 장면이 요한계시록 13장에 등장하며 이것을 신약성경은 짐승의 표, 육백육십육이라고 기록했다.

　　　"누구든지 이 표를 가진 자 외에는 매매를 못하게 하니 이 표는 곧 짐승의 이름이나 그 이름의 수라 지혜가 여기 있으니 총명한 자는 그 짐승의 수를 세어 보라 그것은 사람의 수니 그의 수는

---

17) 유재덕,『기독교역사』(서울: 도서출판 브니엘, 2008), 76.

육백육십육이니라" 계13:17-18

로마제국시대에 황제숭배는 만연했다. 로마의 황제는 더 이상 인간이 아닌 신의 반열에 올라가서 추앙을 받았다. 이 때 사용되었던 헬라어 단어가 '유앙겔리온'이다. 신약성서신약사전에서는 다음과 같이 말하고 있다.

"유앙겔리온은 특별히 황제 숭배에서 중요하다. 황제는 신적인 통치자로서 자연을 통제하고, 치료를 베풀며, 수호신으로 작용하고, 행운을 가져온다. 따라서 황제의 출생에는 우주적인 표적들이 수반된다. 따라서 황제의 메시지는 기쁜 것이다. 왜냐하면 그가 말하는 것은 선과 구원을 의미하는 신적인 행위이기 때문이다. 최초의 유앙겔리온은 그의 출생에 대한 소식이며, 그 다음으로는 그가 나이가 들어가는 것, 그 다음으로는 그의 등극에 대한 소식이다. 제사들과 매년 행해지는 축제들은 그와 더불어 시작되는 새롭고 희망적인 시대를 축하하는 것이다. 그가 왕위에 즉위하는 것은 그의 신민들을 위한 복음이다."[18]

정리해보면 신약성경이 기록되었을 당시, 복음으로 번역된 헬라어 유앙겔리온은 다음과 같은 뜻으로 사용되었다는 것을 알 수 있다.

1. 로마군대가 전쟁에서 승리했다는 소식

18) "유앙겔리온," 『신약성서신학사전』, 2002년 판, 268.

2. 로마 황제의 아들이 탄생했다는 소식

3. 로마제국의 왕자가 황제에 등극했다는 소식

　이런 용례로 사용되었던 유앙겔리온은 신약성경 기자들에 의해 기쁨의 좋은 소식, 복음으로 사용되었다. 물론 세속적인 의미로서의 복음이 아닌 영적인 복된 소식으로 사용된 것이다. 신약성경에서 유앙겔리온은 마가복음에서 8회, 마태복음에서 4회, 사도행전에서 2회, 베드로전서와 요한계시록에서 각각 1회씩 사용되었다. 그런데 이 단어를 가장 많이 신약성경에 적용한 사람은 사도 바울이다. 바울이 기록한 성경에 무려 60회 사용되었다.[19] 이것은 바울이 복음의 중요성을 다른 사람보다 깊이 이해하고 인식했다는 것을 증명하는 것이다. 그렇다면 성경은 복음을 통해 신자들에게 무엇을 말하고 있는 것일까? 첫째, 복음은 예수 그리스도다. 천사가 목자들을 찾아와서 전해 준 메시지는 복음이 예수 그리스도라는 것을 분명하게 밝혀준다.

　　"천사가 이르되 무서워하지 말라 보라 내가 온 백성에게 미칠 큰 기쁨의 좋은 소식을 너희에게 전하노라 오늘 다윗의 동네에 너희를 위하여 구주가 나셨으니 곧 그리스도 주시니라"눅2:10-11

　둘째, 복음은 천국을 소망하게 한다. 천국 혹은 하나님 나라라고 할 때,

---

19) Ibid.

하나님의 통치권, 하나님의 백성, 하나님이 거하시는 곳을 의미한다. 성경 기자들은 천국을 말할 때 때로는 통치권을, 때로는 하나님의 거룩한 백성, 때로는 새 하늘과 새 땅으로서의 천국에 강조점을 두고 기록했다. 마태는 예수님의 행적을 기록하면서 복음에 대해 이렇게 기술했다.

> "예수께서 온 갈릴리에 두루 다니사 그들의 회당에서 가르치시
> 며 천국 복음을 전파하시며 백성 중의 모든 병과 모든 약한 것을
> 고치시니"마4:23

셋째, 복음은 신자를 의롭게 하며 구원을 얻게 한다. 복음을 믿는 자들은 죄 사함의 은혜를 입어서 하나님의 구원을 받게 된다. 왜냐하면 더 이상 죄인의 신분이 아닌 하나님의 자녀, 의인이 되기 때문이다. 바울은 로마교회 신자들에게 다음과 같이 말했다.

> "복음에는 하나님의 의가 나타나서 믿음으로 믿음에 이르게 하
> 나니 기록된 바 오직 의인은 믿음으로 말미암아 살리라 함과 같
> 으니라"롬1:17

넷째, 복음은 신자들이 만민에게 전파해야 할 사명이다. 부활하신 예수님은 제자들에게 사명을 상기시켰다. 그것은 복음전파의 사명이었다.

> "또 이르시되 너희는 온 천하에 다니며 만민에게 복음을 전파하

라"막 16:15

복음은 영혼 구원과 생명 그리고 영원한 소망과 연관되어 있다. 그러기 때문에 성경은 복음의 중요성을 강조하고, 사도들과 복음전도자는 복음전파를 위해 자신의 생명도 아까워하지 않았던 것이다.

제8장 • 복음전도의 모델

1) 엘리야

신약성경에는 구약시대 선지자 엘리야를 여러 차례 언급한다. 예수 그리스도는 별세를 앞두고 변화산에서 모세와 엘리야를 만났다.막 9:1-8; 마 17:1-13; 눅 9:28-36 예수님은 산에 함께 올라갔던 제자들에게 죽으심과 부활에 대해 말씀하셨다. 그리고 엘리야를 언급하면서 이렇게 말씀했다.

> "이르시되 엘리야가 과연 먼저 와서 모든 것을 회복하거니와
> 어찌 인자에 대하여 기록하기를 많은 고난을 받고 멸시를 당하
> 리라 하였느냐 그러나 내가 너희에게 이르노니 엘리야가 왔으
> 되 기록된 바와 같이 사람들이 함부로 대우하였느니라 하시니
> 라"막 9:12-13

예수님께서 말씀하신 엘리야는 침례세례 요한을 말한 것이다. 그렇다면 엘리야는 누구인가? 엘리야는 북이스라엘에서 활동했던 선지자다. 아합 왕 때 하나님의 소명을 받고 하나님의 메시지를 전달했다. 아합 왕과 이세벨은 바알과 아세라 우상숭배에 빠져 있었다. 이 때 백성들의 신앙생활은 온전하지 못했다. 백성들은 하나님을 버리고 바알과 아세라를 섬긴 것은 아니다.

오히려 바알과 아세라도 섬기면서 하나님도 섬기는 혼합주의 신앙이었다. 이런 백성들에게 엘리야는 갈멜산에서 이렇게 말했다.

> "엘리야가 모든 백성에게 가까이 나아가 이르되 너희가 어느 때 까지 둘 사이에서 머뭇머뭇 하려느냐 여호와가 만일 하나님이 면 그를 따르고 바알이 만일 하나님이면 그를 따를지니라 하니 백성이 말 한마디도 대답하지 아니하는지라" 왕상 18:21

둘 사이에서 머뭇머뭇 하는 신앙행태를 혼합주의라고 부른다. 이런 신앙 행태를 요한계시록은 이렇게 기록한다.

> "내가 네 행위를 아노니 네가 차지도 아니하고 뜨겁지도 아니하 도다 네가 차든지 뜨겁든지 하기를 원하노라 네가 이같이 미지 근하여 뜨겁지도 아니하고 차지도 아니하니 내 입에서 너를 토 하여 버리리라" 계 3:15-16

일반적으로 '차든지 뜨겁든지'는 둘 중의 하나를 선택하라고 이해를 하 지만 이것은 혼합주의 신앙행태에 대한 경고이다.[20] 차가운 물은 분별하는 신앙, 뜨거운 물은 사랑과 열정적인 신앙을 의미한다. 두 종류의 물은 모두 필요하고 좋고 유익하다.

---

20) 로버트 마운스, 『요한계시록』, 『NICNT』, 장규성 옮김 (서울: 부흥과개혁사, 2019), 152-3.

엘리야는 갈멜산에서 바알 선지자 450명과 영적대결을 통해 하나님의 실존하심과 능력을 보여주었다. 엘리야는 혼합주의 신앙행태를 가지고 있었던 이스라엘 백성들에게 복음을 전파했다. 그래서 신약성경에서 엘리야는 복음전도의 모델로 소개되고 있다. 그 대표적인 성경이 요한계시록이다. 요한계시록 11장에 두 증인이 등장한다.

> "내가 나의 두 증인에게 권세를 주리니 그들이 굵은 베옷을 입고 천이백육십 일을 예언하리라....그들이 권능을 가지고 하늘을 닫아 그 예언을 하는 날 동안 비가 오지 못하게 하고 또 권능을 가지고 물을 피로 변하게 하고 아무 때든지 원하는 대로 여러 가지 재앙으로 땅을 치리로다" 계 11:3-6

두 증인은 모세와 엘리야다. 신약성경에 증인은 복음전도와 관련되어 사용한다. "오직 성령이 너희에게 임하시면 너희가 권능을 받고 예루살렘과 온 유대와 사마리아와 땅 끝까지 이르러 내 증인이 되리라 하시니라" 행 1:8 엘리야는 구약시대 복음의 증인으로서 복음전도를 했던 대표적인 선지자다.

2) 요나

구약성경에 등장하는 복음전도자 요나는 니느웨 백성들에게 복음을 전파했다. 예수 그리스도는 바리새인과 서기관과 대화를 할 때, 요나의 전도를 상기시켰다.

"예수께서 대답하여 이르시되 악하고 음란한 세대가 표적을 구하나 선지자 요나의 표적 밖에는 보일 표적이 없느니라 요나가 밤낮 사흘 동안 큰 물고기 뱃속에 있었던 것 같이 인자도 밤낮 사흘 동안 땅 속에 있으리라 심판 때에 니느웨 사람들이 일어나 이 세대 사람을 정죄하리니 이는 그들이 요나의 전도를 듣고 회개하였음이거니와 요나보다 더 큰 이가 여기 있으며"마 12:39-41

예수님은 요나의 전도라고 분명하게 말씀하셨다. 요나의 전도는 구약성경에 나오는 대표적인 복음전도사례라고 할 수 있다. 요나는 하나님의 부르심을 받았지만 원수의 나라에 복음을 전하고 싶지 않았다. 그는 니느웨가 아닌 정반대 방향 다시스로 가는 배를 탔다. 그의 불순종으로 함께 배에 탔던 사람들의 생명이 위태롭게 되었다. 요나는 자신으로 인해 문제가 생겼다는 것을 알게 되고 결국 사람들은 요나를 바다에 던졌다. 이런 요나를 하나님은 큰 물고기를 예비하셔서 구원하셨다. 그는 삼일 동안 물고기 뱃속에 머물러 있었다. 예수님은 이 사건을 예수님 자신의 죽으심과 장사되심 그리고 부활과 연관하여 말씀하셨다. 이 사건은 예수 그리스도의 죽으심, 장사되심, 부활하심의 예표다. 요나는 하나님의 은혜로 구원을 받게 되어 다시 사명을 수행하게 되었다. 그는 니느웨 백성들에게 하나님의 심판을 선포했다. 이 소식을 들은 니느웨 왕과 모든 백성들은 회개하며 금식을 했다. 이런 니느웨 백성들의 모습을 보신 하나님은 그들을 구원하셨다.

"하나님이 그들이 행한 것 곧 그 악한 길에서 돌이켜 떠난 것을

보시고 하나님이 뜻을 돌이키사 그들에게 내리리라고 말씀하신 재앙을 내리지 아니하시니라"욘 3:10

물론 요나는 니느웨 백성들이 회심하는 것을 싫어했다. 그런 요나에게 하나님은 이방인들까지도 사랑하시고 돌보신다는 것을 깨닫게 하셨다.

"하물며 이 큰 성읍 니느웨에는 좌우를 분변하지 못하는 자가 십이만여 명이요 가축도 많이 있나니 내가 어찌 아끼지 아니하겠느냐 하시니라"욘 4:11

하나님은 이방인들인 니느웨 백성까지도 보존하시고 통치하셨다. 이것을 하나님의 섭리라고 부른다. 1689년 런던 침례교 신앙고백서는 다음과 같이 말한다.

"만물의 선한 창조자이신 하나님은 자신의 지혜와 권능과 공의와 무한한 선과 자비의 영광을 찬양하기 위해서 자기의 무한한 능력과 지혜 안에서 자기의 오류 없는 미리 아심과 자유롭고 변함없는 의지의 계획에 따라 가장 큰 것으로부터 가장 작은 것에 이르기 까지 그들의 창조된 목적을 따라서 모든 피조물들과 만물들을 지극한 지혜와 거룩한 섭리로써 보존하고 지도하고 처리하고 통치하신다."[21]

21) 피영민, 『1689 런던 침례교 신앙고백서 해설』(서울: 요단출판사, 2018), 99.

요나의 복음전도는 신약성경에서 다시 언급된 대표적인 구약의 복음전도 모범 중의 한 사례이다.

3) 세례(침례) 요한

세례침례 요한은 예수 그리스도께서 오실 길을 예비한 복음전도자다.

> "그 때에 세례 요한이 이르러 유대 광야에서 전파하여 말하되
> 회개하라 천국이 가까이 왔느니라 하였으니 그는 선지자 이사
> 야를 통하여 말씀하신 자라 일렀으되 광야에 외치는 자의 소리
> 가 있어 이르되 너희는 주의 길을 준비하라 그가 오실 길을 곧게
> 하라 하였느니라 이 요한은 낙타털 옷을 입고 허리에 가죽 띠를
> 띠고 음식은 메뚜기와 석청이었더라"마 3:1-4

그는 당시 종교지도자였던 바리새인, 사두개인과는 달랐다. 타락한 정치, 종교 지도자들을 향해 거침없이 하나님의 말씀을 전파했다. 이런 메시지를 전파하는 요한이 바리새인과 사두개인 그리고 정치지도자들 눈에는 가시였다. 정치, 종교 지도자들은 요한을 회유하려고 했지만 뜻대로 되지 않았다. 요한은 하나님께서 주신 자신의 사명에 충실했고, 복음전파에 전념했다. 회유, 협박 그 어떤 것으로도 요한을 바꿀 수 없다는 것을 알게 되었다. 그렇다고 요한을 제거할 수도 없었다. 왜냐하면 요한의 가르침을 따르는 백성들이 많았기 때문이다.

예수님은 요단강에서 세례침례를 베풀고 있는 요한을 찾아갔다. 그리고

그에게 세례침례를 베풀어 주도록 말을 했다. 그러나 요한은 예수님께 세례 침례를 베풀 수 없었다. 왜냐하면 예수님이 메시아라는 것을 알았기 때문이다.

> "이 때에 예수께서 갈릴리로부터 요단 강에 이르러 요한에게 세례를 받으려 하시니 요한이 말려 이르되 내가 당신에게서 세례를 받아야 할 터인데 당신이 내게로 오시나이까 예수께서 대답하여 이르시되 이제 허락하라 우리가 이와 같이 하여 모든 의를 이루는 것이 합당하니라 하시니 이에 요한이 허락하는지라" 마 3:13-15

요한은 예수님에게 침례를 베푼 것으로 그치지 않았다. 침례를 받기 위해 자신에게 오신 예수님을 백성들에게 "세상 죄를 지고 가는 하나님의 어린양"이라고 말했다.

> "이튿날 요한이 예수께서 자기에게 나아오심을 보고 이르되 보라 세상 죄를 지고 가는 하나님의 어린 양이로다" 요 1:29

요한은 분명하게 알고 있었다. 예수님이 인간의 죄를 해결하실 수 있는 구원자로서, 대속을 위한 희생제물이 되신다는 것을 알았다. 복음전파의 핵심 메시지는 예수 그리스도께서 인간의 죄를 해결하기 위해 대속의 죽으심을 당하셨고, 십자가에서 피 흘려 죽으셨다는 것이다. 요한의 헌신적인 복음전도는 백성들의 영혼에 감동을 주었고, 죄 사함을 받기 위해 회개하고 침례를 받도록 인도했다.

4) 예수 그리스도

복음전도의 최고의 모범은 예수 그리스도이다. 예수님의 공생애는 복음전도와 제자양육이었다. 예수님과 동행했던 제자들은 복음전도에 함께 했다.

> "예수께서 이르시되 내가 다른 동네들에서도 하나님의 나라 복
> 음을 전하여야 하리니 나는 이 일을 위해 보내심을 받았노라 하
> 시고 갈릴리 여러 회당에서 전도하시더라" 눅 4:43-44

예수님은 복음전도를 위해 하나님의 보내심을 받았다고 말씀하셨다. 이것이 소명과 사명이다. 복음전도자는 하나님의 소명과 사명을 받은 사람이다. 하나님의 소명자, 복음의 사명자라는 분명한 정체성을 갖을 때, 복음전도를 담대하게 할 수 있는 것이다. 그리고 예수님이 전파하신 핵심 메시지는 회개, 복음, 믿음이었다.

> "요한이 잡힌 후 예수께서 갈릴리에 오셔서 하나님의 복음을 전
> 파하여 이르시되 때가 찼고 하나님의 나라가 가까이 왔으니 회
> 개하고 복음을 믿으라 하시더라" 막 1:14-15

예수님의 복음전도는 복잡하지 않았다. 매우 단순하지만 그 메시지에 힘

이 있었다. 예수님은 제자들에게 복음전도를 어떻게 하는 것이지 실제로 보여주셨다. 예수님이 열 두 제자를 세우신 목적도 복음전도다.

"이에 열둘을 세우셨으니 이는 자기와 함께 있게 하시고 또 보내사 전도도 하며 귀신을 내쫓는 권능도 가지게 하려 하심이러라"막 3:14-15

열 두 제자들을 둘씩 짝을 지어 전도파송을 했고, 제자들은 사람들에게 회개하라고 복음을 전파했다.

"열두 제자를 부르사 둘씩 둘씩 보내시며 더러운 귀신을 제어하는 권능을 주시고"막 6:7 또 칠십 명의 제자들을 파송하셨다.

"그 후에 주께서 따로 칠십 인을 세우사 친히 가시려는 각 동네와 각 지역으로 둘씩 앞서 보내시며 이르시되 추수할 것은 많되일꾼이 적으니 그러므로 추수하는 주인에게 청하여 추수할 일꾼들을 보내 주소서 하라 갈지어다 내가 너희를 보냄이 어린 양을 이리 가운데로 보냄과 같도다.눅 10:1-3 예수님의 제자양육은하나님의 백성다운 인격적 변화와 복음전도자가 되는 것이었다. 부활하신 예수님은 제자들에게 복음전파를 명령하셨다"눅
10:1-3

"또 이르시되 너희는 온 천하에 다니며 만민에게 복음을 전파하라" 막 16:15

이 명령을 예수님의 지상명령 The Great Commission 이라고 부른다.

"예수께서 나아와 말씀하여 이르시되 하늘과 땅의 모든 권세를 내게 주셨으니 그러므로 너희는 가서 모든 민족을 제자로 삼아 아버지와 아들과 성령의 이름으로 세례를 베풀고 내가 너희에게 분부한 모든 것을 가르쳐 지키게 하라 볼지어다 내가 세상 끝 날까지 너희와 항상 함께 있으리라 하시니라" 마 28:18-20

한글 성경에는 예수님의 지상명령이 '가서', '제자를 삼아', '세례침례를 베풀고', '가르쳐 지키게 하라'고 나열되어 있지만 원어를 보면 명령 동사는 하나다. 명령 동사 "마데튜사테, μαθητεύσατε"를 번역한 것이 "제자를 삼아"이다. 나머지 가서포류덴테스, πορευθέντες , 세례침례를 베풀고밥티존테스, βαπτίζοντες, '가르쳐 지키게 하라디다스콘테스, διδάσκοντες'는 분사로서 명령 동사를 수식한다. 이것을 정리하면 예수님의 지상명령은 '제자를 삼는 것'인데, 지상명령을 수행하는 세 가지 방법으로 '가서', '세례침례를 베풀고', '가르쳐 지키게 하는 것'이라고 가르치신 것이다. 그래서 지상명령의 핵심은 제자 삼는 것이고, 복음전도는 제자 삼는 사역을 성취하기 위해 반드시 행해야 하는 실천사항이다.

5) 베드로

베드로는 세례침례 요한의 제자였다. 그의 형제 안드레의 전도를 받고 예수님을 만났다. 베드로는 갈릴리 호수에서 물고기를 잡는 어부였다. 예수님은 베드로를 자신의 제자로 부르셨다. 그리고 그에게 새로운 인생과 사명을 주셨다.

> "갈릴리 해변으로 지나가시다가 시몬과 그 형제 안드레가 바다
> 에 그물 던지는 것을 보시니 그들은 어부라 예수께서 이르시되
> 나를 따라오라 내가 너희로 사람을 낚는 어부가 되게 하리라 하
> 시니 곧 그물을 버려 두고 따르니라" 막 1:16-18

베드로는 예수님 공생애 기간 동안 함께 동고동락하면서 복음전도 현장에 함께 있었다. 그에게 주신 '사람낚는 어부가 되리라'는 복음전도자의 인생을 살게 한다는 의미이다. 베드로가 예수님을 만나기 전에는 '물고기 낚는 어부'였지만, 예수님을 만난 이후에는 '사람낚는 어부'가 된 것이다. 이 말은 어떤 의미인가? 베드로는 한 집안의 가장이었다. 그에게는 장모가 있었다. 마 8:14 이 말은 베드로는 결혼해서 가정을 이루고 살던 한 집안의 가장이라는 것이다. 가족들의 생계를 책임지는 사람으로서 갈릴리 호수에서 어부로서 물고기를 잡지 않으면 생계를 이어갈 수 없던 사람이다. 베드로와 그의 가족들이 생계를 이어가기 위해서는 반드시 물고기가 희생을 해야 했다. 물고기가 죽어야만 베드로와 그의 가족이 살 수 있었다. 그러나 예수님께서 말씀하신 '사람낚는 어부'는 복음전도자로서 사람들의 영혼을 살리는

일이었다. 하나님의 복음을 전파하고 이 말씀을 듣고 회개하여 믿음을 가지게 되는 사람들은 하나님의 자녀가 되어 영생을 선물로 받고 구원을 받게 된다. 무엇인가 나를 위해 죽어야 하는 인생이었다면, 이제 다른 사람을 살리는 일을 통해 나 자신까지 살아나는 새로운 인생이 열리게 된 것이다. 이것이 복음전도자에게 주시는 은혜이고, 기쁨이다. 베드로는 복음전도자로서 다른 사람들의 영혼구원을 돕는 자가 된 것이다. 그런데 이 일로 인해 베드로의 영혼과 인생도 함께 살아나게 되었다. 복음전도자 베드로는 성령이 충만해서 복음을 전할 때 3,000명이 회심하고 예수님을 구주로 믿어 제자가 되었다.^{행 2:41} 또 그는 고넬료에게 복음을 전하고 고넬료의 가족들까지 구원을 얻도록 도와주는 복음전도자의 사명을 감당했다.^{행 10:24-48}

6) 빌립

빌립은 예루살렘교회 일곱 집사 중 한 사람이다.

> "온 무리가 이 말을 기뻐하여 믿음과 성령이 충만한 사람 스데반과 또 빌립과 브로고로와 니가노르와 디몬과 바메나와 유대교에 입교했던 안디옥 사람 니골라를 택하여 사도들 앞에 세우니 사도들이 기도하고 그들에게 안수하니라"^{행 6:6}

그는 예루살렘교회 사역을 하면서 봉사의 직무를 감당했다. 그런데 빌립은 교회 봉사자 일 뿐 아니라 복음전도자로서 전도하는 일에 힘을 썼다. 그 대표적인 사건이 사도행전 8장에 소개되어 있다. 그는 성령이 충만한 사람이었다. 빌립이 복음전도를 할 때 표적과 능력이 함께 나타났다.

> "빌립이 하나님 나라와 및 예수 그리스도의 이름에 관하여 전도
> 함을 그들이 믿고 남녀가 다 세례를 받으니"행 8:12-13

마술사 시몬도 처음에는 빌립의 복음전도를 듣고 예수님을 믿었다. 빌립의 복음전도가 얼마나 대단했던지 마술사 시몬시몬 마구누스, Simon Magnus까지 그의 말에 귀를 기울일 정도였다. 마술사 시몬이 누구인가? 시몬 마구누스는 최초의 영지주의 이단이다.[22] 빌립의 복음전도가 당시에 얼마나 많은 사람들에게 큰 영향력을 끼쳤는지 상상이 된다.

빌립은 주의 사자와 성령의 인도함을 받고 가사로 내려가는 에디오피아 내시를 만났다. 빌립은 에디오피아 내시에게 성경을 해석해 주면서 복음을 전했다. "빌립이 입을 열어 이 글에서 시작하여 예수를 가르쳐 복음을 전하니"행 8:35 에디오피아 내시는 복음을 믿고 예수 그리스도를 구주로 영접한 후, 세례침례를 받았다. 초대교회 교부 이레니우스는 그의 저서 "이단에 대항하여Against Heresies'에서 이 에디오피아 내시가 고국으로 돌아가 예수 그리스도와 복음을 전하는 선교사가 되었다고 기록했다.[23] 성서학 연구소 BIBLIA는 에디오피아 내시에 대해 다음과 같이 말한다.

---

22) 후스토 L. 곤잘레스, 『기독교사상사(Ⅰ)』, 이형기, 차종순 역 (서울: 대한예수교장로회출판국, 1992), 165.
23) F. F. 브루스, 『사도행전』, 『NICNT』, 김장복 옮김 (서울: 부흥과개혁사, 2017), 236.

"2세기의 교부 이레네우스에 의하면, 이 에티오피아 내시의 이름은 시므온 바코스Simeon Bachos라고 합니다. 에티오피아 교회의 시작이 이 사람으로 부터 시작되었는데, 정교회에서 자신들의 시작을 에티오피아 내시 바코스라고 말합니다. 그리고 동방교회에서는 사도행전 13:1에 나오는 니게르라하는 시므온이 바로 에티오피아의 내시였다고 말합니다. 니게르 Niger라는 말은 로마 시대에 사용되던 성Family Name 중의 하나이면서 동시에 피부가 검은 사람을 의미하기 하기 때문에 생겨난 전통인 것 같아요. 그래서 동방교회 전통을 따르는 성경 번역가들은 사도행전 13:1을 "흑인 시므온 Simeon the Black"이라고 번역하기도 합니다. 9천 2백만 인구의 에티오피아 인구 중에서 45%가 에티오피아 정교회의 교인이고, 전체인구의 62.8%가 기독교인. 그야말로 기독교 나라의 시작이 우리가 잠시 스쳐지나가듯 성경에서 만나는 에티오피아의 내시로 부터 시작되었다는 사실이 참 놀랍습니다."[24]

빌립은 에디오피아 내시에게 복음전도 한 후 여러 성을 다니면서 복음전도를 했다.

"빌립은 아소도에 나타나 여러 성을 지나다니며 복음을 전하고

---

24) BIBLIA, "에티오피아 내시를 아시나요?" [온라인자료] https://biblia.co.il/, 2024년 2월 2일 접속.

가이사랴에 이르니라"행 8:40

그는 예루살렘교회 평신도 지도자로서 성도의 필요를 채우는 사역을 감당하고, 한편으로는 복음전도자로서 전도하는 일에 최선을 다했다.

7) 바울

회심하기 전 바울은 예수 그리스도를 핍박하는 사람이었다. 다메섹 도상에서 예수님을 만난 후, 인생의 변화가 왔다. 그는 눈을 뜨지 못하고 금식을 하고 있을 때, 예수 그리스도의 제자 아나니아의 도움으로 다시 보게 되었다. 예수님은 아나니아에게 바울에 대해 이렇게 말씀하셨다.

"주께서 이르시되 가라 이 사람은 내 이름을 이방인과 임금들과 이스라엘 자손들에게 전하기 위하여 택한 나의 그릇이라"행 9:15

바울은 더 이상 교회의 핍박자가 아니라 복음전도자로 바뀌었다. 그는 안디옥교회에서 바나바와 함께 복음전도자로 파송을 받았다. 복음을 전하기 위해 총 3차 전도여행을 다녔다. 각 지역을 두루 다니면서 복음을 전했고, 교회를 세웠다. 제1차 전도여행은 동역자 바나바와 함께 했다. 살라미와 바보라는 도시가 있는 구브로 섬이었다. 그리고 내륙으로 들어가 이고니온, 루스드라, 더베에서 복음전도를 했다. 이 과정에 유대인 동족들의 극심한 핍박을 받았다. 제2차 전도여행은 1차 때 개척했던 교회들의 형편을 살펴야하는 요구가 생겼다. 1차 때 함께 했던 바나바와 심하게 다투게 된다. 왜냐하면 1차 전도여행 중 중도 귀환한 바나바의 조카 마가 때문이다. 바나바는 마가를 전도여행에 동참하게 하고 싶어 했지만, 바울은 반대했다. 그래서 바울은 실라와 함께 복음전도를 했다. 2차 전도여행은 1차 때와 비교할 수 없을 정도로 멀리 전도여행을 다녔다. 이 기간 동안 빌립보, 데살로니가, 베뢰아, 아덴, 고린도, 에베소와 같은 중요도시를 방문하고 복음전도를 했다. 제3차 전도여행은 갈라디아, 브리기아 지역에서 복음전도를 한 후, 에베소에서 약 3년 동안 복음전도와 교회개척사역을 했다. 그리고 교회 성도를 위해 13권의 서신서를 썼다. 이것은 신약성경이 되었고, 이 성경을 바울서신이라고 부른다. 바울은 자신을 사도로 부르시고 복음전도자로 부르신 예수님을 위해 혼신의 힘을 다 쏟았다. 그의 결심은 단호했다.

> "내가 달려갈 길과 주 예수께 받은 사명 곧 하나님의 은혜의 복
> 음을 증언하는 일을 마치려 함에는 나의 생명조차 조금도 귀한
> 것으로 여기지 아니하노라" 행 20:24

특별히 바울은 이방인들을 대상으로 한 복음전도와 교회개척사역에 힘을 기울였다.

> "내가 이방인인 너희에게 말하노라 내가 이방인의 사도인 만큼
> 내 직분을 영광스럽게 여기노니" 롬 11:13

바울은 복음전도 목표가 분명했다. 그는 땅끝까지 복음을 전해야겠다고 생각했다. 바울이 생각했던 땅끝은 어디였을까?

"그러므로 내가 이 일을 마치고 이 열매를 그들에게 확증한 후
에 너희에게 들렀다가 서바나로 가리라" 롬 15:28

서바나는 지금의 스페인이다. 바울이 땅끝까지 복음을 전하려고 했던 것은 예수님의 지상명령에 순종했기 때문이다. 예수님은 "땅끝까지 이르러 내 증인이 되리라"고 말씀하셨 다. 행 1:8

제9장 • 복음전도와 구원간증

바울은 과거에 자신이 예수 그리스도의 핍박자로서 다메섹으로 가던 중, 빛 가운데 계신 예수님을 만났다. 이 사건 이후, 바울은 회심하고 열정적인 복음전도자가 되었다. 그는 복음전도를 할 때, 자신이 어떻게 구원을 받게 되었는지 간증을 했다. 그 대표적인 사례가 사도행전 26장에 나온다. 이것을 모범 구원간증이라고 부른다.[25) 바울은 아그립바 왕을 만났을 때, 자신의 과거 행적을 간략하게 말했다. 1) 나는 유대인이다. 2) 나는 바리새인이었다. 3) 나는 예수 그리스도와 그리스도인을 핍박하던 사람이었다. 4) 다메섹으로 가던 중에 예수 그리스도를 만났다. 5) 예수 그리스도는 나에게 사명을 주셨다. 6) 나는 복음 때문에 유대인들에게 핍박을 당했다. 7) 예수 그리스도는 나에게 복음을 전하라고 말씀하셨다.

복음전도를 할 때, 전도자의 구원간증은 복음을 듣는 사람에게 큰 유익을 줄 수 있다. 그래서 복음전도자는 개인구원간증을 항상 준비해야 한다. 구원간증은 설교가 아니기 때문에 설교처럼 해서는 안 된다. 그리고 구원간증의 초점은 예수 그리스도와 구원에 맞추어야 한다. 구원간증이 지나치게 길면 안 된다. 대략 5분 정도가 적당하다. 무엇보다 구원간증문을 전달할 때, 성령께서 듣는 사람의 마음에 역사하도록 기도해야한다. 이명희는 구원

---

25) 이명희, 『현대전도론』 (대전: 하기서원, 2013), 51.

간증문 작성에 대해 다음과 같이 말했다.[26]

> 1) 예의 있는 인사와 자기 소개 2) 구원받기 전의 생활: 자신의 성장 배경, 기독교에 대한 이전의 견해, 복음과 구원에 대한 오해 3) 구원받게 된 경위 복음을 듣게 된 상황, 복음의 내용 소개, 회개와 믿음의 진술 4) 구원 받은 후의 변화: 마음의 변화, 신앙 생활의 변화, 대인관계의 변화 등 5) 복음제시와 권면: 복음의 내용을 간략히 제시한다. 회개하고 예수 그리스도를 믿도록 권면한다.

다음은 저자의 구원간증문이다. 2024년 1월과 2월, 두 차례 필리핀 루손섬 여러 지역에서 복음전도집회를 실시했다. 약 7,000명의 주민과 학생들에게 구원간증을 했고, 기타를 연주하면서 구원감사를 담은 찬양을 불렀다. 구원간증문을 작성할 때 참고가 되기를 바라며 수록한다.

---

26) Ibid., 51.

구원의 간증

김주원

1. 인사와 예의있는 접근

여러분, 만나서 반갑습니다. 저는 한국에서 온 김주원입니다. 저는 지금 매우 기쁩니다. 그 이유는 여러분을 만났기 때문입니다. 또 오늘 밤, 여러분 앞에서 제가 만난 예수님과 하나님의 은혜에 대해 나눌 수 있기 때문입니다.

2. 구원받기 전의 생활에 대하여

저는 평범한 기독교 가정에서 태어났습니다. 어려서부터 부모님을 따라 교회를 다녔습니다. 교회생활은 저의 일상생활 중 하나였습니다. 부활절에는 계란을 먹었고, 크리스마스에는 연극을 했습니다. 저는 동방박사 역할을 했습니다. 또 여름방학에는 여름성경학교에 참석했습니다. 성경공부는 재미없었습니다. 반면 레크리에이션은 정말 재미있었습니다. 중학생이 되었을 때, 강가에 가서 침례를 받았습니다. 그러나 저는 교회생활을 했지만 구원의 확신이 없었습니다.

3. 구원받은 경위 설명

중학생이 되었습니다. 여름수련회에 참석했습니다. 기도회 시간이었는데, 교회 형들이 옆에서 큰소리로 기도하는 장면을 보았습니다. 저는 "이렇게 큰소리로 기도하면 예수님을 만날 수 있을까?"라는 생각이 들었습니다.

그래서 저도 큰소리로 기도를 했습니다. 그러나 아무런 변화도 일어나지 않았습니다. 이때부터 "나는 구원받았을까? 나는 지금 죽으면 천국에 갈 수 있을까?"라는 생각을 했습니다. 그런데 제게는 구원의 확신과 천국에 갈 수 있다는 믿음의 확신이 없었습니다. 어느 날 밤부터 잠을 자기 위해 누우면 몸을 움직일 수가 없었습니다. 그리고 생생하게 저를 비웃는 귀신의 목소리가 들렸습니다. 정말 두려웠습니다. 그 때, 제 마음으로 "하나님 도와주세요, 예수님 도와주세요"라고 말했습니다. 그러다보면 제 몸이 풀렸고, 귀신도 떠나갔습니다. 이런 일을 약 5년 동안 밤마다 겪었습니다. 저는 간절하게 기도했습니다. "예수님이 살아계시면 제 앞에 나타나주세요." 그러나 그런 일은 일어나지 않았습니다.

20살 대학생이 되었습니다. 여전히 제 마음 속에 구원의 확신이 없었습니다. 학교생활은 재미가 없었고, 교통사고를 당해 죽을 뻔 했습니다. 또 아르바이트를 하다가 손가락을 심하게 다쳤습니다. 정말 우울하고 제 마음은 고통스러웠습니다. 이런 상황에 있었을 때, 한 선배를 만났습니다. 저는 기독교 동아리에 가입했고, 그 선배와 성경공부를 했습니다. 역시 성경공부는 재미가 없었습니다. 그러던 어느 날, 성경공부 중에 성경책을 보게 되었습니다. 요한복음 1장 12절입니다. "영접하는 자 곧 그 이름을 믿는 자들에게는 하나님의 자녀가 되는 권세를 주셨으니" 그 순간 그 말씀이 제 마음 안으로 들어오는 것을 경험했습니다. 분명히 믿음이 없었는데, 하나님도 예수님도 성경도 천국도 믿어지기 시작했습니다. 드디어 저는 구원의 확신을 갖게 되었습니다.

4. 구원받은 후의 변화에 대한 설명

구원받은 이후, 제 삶은 변화되었습니다. 모든 의심이 사라지고 성경이 하나님의 말씀으로 믿어졌습니다. 그리고 기도를 드리면 하나님께서 반드시 응답하신다는 믿음이 생겼습니다. 또 담대함이 생겼습니다. 귀신이 다가 왔을 때, 나사렛 예수님의 이름으로 물리쳤습니다. 또 저는 다른 학생들에게 구원의 복음을 전했습니다.

5. 복음의 제시

여러분, 하나님은 여러분을 사랑하십니다. 또 예수님을 나의 구주, 나의 하나님으로 믿고, 회개할 때 구원을 받습니다. 이 시간 여러분 중에 구원을 갈망하는 분, 구원자 예수님을 믿기를 원하는 분들이 있을 것입니다. "영접하는 자 곧 그 이름을 믿는 자들에게는 하나님의 자녀가 되는 권세를 주셨으니"라는 말씀을 믿으시기 바랍니다. 여러분 안에 놀라운 변화가 일어날 것입니다.

6. 복음에 대한 순종을 권면함

구원의 말씀과 기쁨을 더욱 배우고 싶으신 분들은 교회에 출석하시기 바랍니다. 교회에서 여러분을 도와줄 것입니다. 마지막으로 제가 찬양을 부르겠습니다. 구원을 주신 하나님과 예수님을 찬양합니다.

Give thanks.

이제 저의 구원간증을 마치겠습니다. 경청해 주셔서 감사합니다.

Testimony

Ju Won Kim

Hello, everyone, It's my pleasure to meet you. I'm Joowon Kim from South Korea. I'm very happy right now because I've met you, and I can share about Jesus and the grace of God that I've encountered.

I was born in an ordinary Christian family. I attended church with my parents from a young age. Church life was part of my daily life. At Easter, we ate eggs; at Christmas, we put on plays; I played the role of the Magi; Also, during summer vacation, I attended DVBS. Bible study was not fun, but recreation was really fun. When I was a grade 7 student, I went to the river and got baptized. However, I did not have the assurance of salvation despite of my church life.

During my junior high school, I attended a summer disciple camp. It was prayer time, and I saw my church brothers praying loudly next to me. I thought, "If I pray loudly like that, can I meet Jesus?" So I prayed loudly, too. But nothing happened. That's when I started asking myself, "Am I saved? If I die now, will I go to heaven?" But I had no assurance of salvation and the certainty of faith that I would go to heaven. One night, when I lay down to sleep, I couldn't move my body, and I could vividly hear the voice of ghost laughing at me. At that time, I said in my heart,

"God help me, Jesus help me." As I did so, my body would loosen up, and the demon would leave. This happened every night for about five years. I prayed fervently, "If Jesus is alive, please appear to me," But that didn't happen.

Though I became a 20-year-old college student, I still didn't have the assurance of salvation in my heart. School life was no fun. I almost died in a car accident, and I severely injured my finger while working a part-time job. I felt really depressed and my heart was in pain. When I was in this situation, I met a senior student. I joined a Christian club and studied the Bible with him. I didn't enjoy studying the Bible, either. Then one day, while we were studying the Bible, I saw a verse in the Bible. It was John 1:12. "Yet to all who received him, to those who believed in his name, he gave the right to become children of God." At that moment, I experienced the words coming into my heart. Obviously, I had no faith, but I began to believe in God, Jesus, the Bible, and heaven. Finally, I had the assurance of salvation.

Since my salvation, my life has been transformed. All my doubts disappeared and I believed the Bible to be the word of God. And I began to believe that if I prayed, God would definitely answer. I also gained boldness. When demons came, I defeated them in the name of Jesus of Nazareth. And I shared the gospel of salvation with other students.

Friends, God loves you, and when you believe in Jesus as your Savior and your God, and repent, you will be saved. At this time, there may be some of you who are longing for salvation and who want to believe in Jesus the Savior. Please believe the words, "Yet to all who received him, to those who believed in his name, he gave the right to become children of God." Amazing things will happen in you. A wonderful transformation will take place in you.

If you want to learn more about the word of salvation and the joy of it, I encourage you to attend church. The church will help you. Lastly, let me sing a song. I praise God and Jesus for my salvation.

"Give thanks"

Now I will conclude my salvation testimony. Thank you for listening.

Ⅱ. 현대복음전도를 위한 선이해

사도 바울은 복음전도자였다. 그는 불신자들에게 복음을 전했고, 손할 례당으로 표현된 율법주의자들을 경계하라고 말했다. 또 사도 요한도 복음전도자였다. 그는 믿지 않는 자들에게 복음을 전했고, 예수 그리스도의 성육신을 부인하는 영지주의를 주의하라고 말했다. 초기 기독교회로부터 현대기독교회에 이르기까지 복음전도의 걸림돌이 되는 이단은 항상 있어왔다. 물론 현대기독교회 복음전도의 장애물은 다양하다. 세속주의, 물질주의, 종교다원주의, 쾌락주의 등 다양한 사상과 이론들이 복음전도의 걸림돌이 되고 있다. 그 중에 현대기독교회 복음전도를 방해할 뿐 아니라 성도를 미혹하는 기독교 이단사상은 그 어느 시기보다 위협적이다. 복음전도자는 이단사상에 대한 충분한 지식을 가지고 있을 때, 이단에 미혹된 사람까지도 복음전도로 설복시킬 수 있다. 이번 장에서는 이단에 빠진 사람들에게 효과적으로 복음전도를 할 수 있도록 이단의 다양한 주장과 그에 대한 기독교 변증에 대해 살펴보려고 한다. 본장은 저자의 미드웨스턴침례신학교MBTS 박사 논문 2장의 내용을 수록한 것이다. 기독교 이단에 대한 성서신학, 조직신학, 역사신학적 접근을 통해 복음전도를 위협하는 이단사상을 심도 깊이 다루고 연구했다.

제1장 • 하이레시스의 신학적 의미

1. ἁίρεσίς (하이레시스)의 사전적 의미[27]

ἁίρεσίς의 일반적인 의미는 '올바른 선택을 할 수 있는 사람'을 의미하지만, 기독교회 내부에서는 항상 '이단에 미혹된 사람'을 지칭하였다. 디도서 3장 9절과 10절에 '이단에 속한 사람'을 말했고, 이단자는 교회에서 멀리해야 하는 대상으로 가르쳤다.

1) 헬레니즘 및 고전적 용례

ἁίρεσίς에 대한 헬레니즘 및 고전적 용례는 '파악', '선택', '결심'이라는 뜻으로 사용했다. 철학적 용례로도 사용되었는데, '가르침', '학파'라는 의미로 사용되었다. 이것은 타 학파와의 차이, 선생의 권위, 독특한 교리, 그들만이 가지고 있는 고유한 특징이라는 내용을 함유하고 있다.

2) 칠십인경과 유대교의 용례

알렉산드리아에서 활동했던 유대인 Philo는 ἁίρεσίς를 철학 학파라는 뜻으로 사용했고, 유대 역사가 Josephus는 그의 저서 유대 전쟁기에서 ἁίρεσίς를 에세네파와 유대교 종파를 설명할 때 활용했다. 유대교 종파의

---

27) "ἁίρεσίς," 『신약성서 신학사전』, 2002년 판, 34.

랍비도 *αἵρεσίς*를 사용했다. 처음에는 유대교 안에 있는 분파를 설명할 때 사용했고, 1세기 후반과 2세기 초에는 랍비들의 지지를 받지 못하고 비판을 받는 종파를 가르쳤다. 2세기 후반에는 비유대교 종파를 총칭하는 단어로 활용되었다.

3) 신약성경의 용례

사도행전 5장 17절의 '사두개인의 당파', 24장 5절의 '나사렛 이단', 26장 5절의 '우리 종교의 가장 엄한 파'는 초기 랍비와 Josephus의 용법과 비슷하다. 그러나 초기 기독교회는 *αἵρεσίς*에 대한 의구심이 있었다. 그들은 교회와 *αἵρεσίς*는 원천적으로 함께 할 수 없다고 생각했다. 그 증거로 바울은 갈라디아서 5장 20절에 육체의 일에 대해 실명하면서 그 열매 중 하나가 이단이라고 말했다. 그는 이단이 하나님의 나라를 유업으로 받지 못한다고 주장했다. 또 바울은 고린도전서 11장 18절과 19절에서 교회 안에 있는 파당이 분쟁을 일으킨다고 말했다. 분쟁에 대해서는 고린도전서 1장 10절 이하에 더 구체적으로 나오는데, *αἵρεσίς*는 교회 안에서 분쟁을 일으켜서 분열에 이르게 한다. 이것은 어떤 하나의 *αἵρεσίς*가 교회와 공존하는 새로운 형태의 사회를 만들고, 교회를 모든 하나님의 백성이 아닌 또 다른 하나의 *αἵρεσίς*에 불과한 것으로 만드는 결과를 초래한다. 그런데 이런 시도를 사도와 초대 교회는 수용할 수 없었다.

4) 초기 기독교회의 용례

사도적 교부 Ignatius가 에베소교회 성도에게 보낸 편지를 보냈고, 변증가 Justin Martyr는 '트리포와의 대화'를 저술했다. 이들의 글을 보면 ἁίρεσίς는 교회의 위협적인 존재라고 말했다. 이 단어는 전문적인 뜻을 내포하고 있지만, 철학의 학파, 유대교의 특정 종파, 영지주의 분파를 지칭할 때 사용하는 이 단어는 기본적으로 부정성과 적대적 성향을 포함하고 있었다. 그러나 Clement의 제자 Origen은 기독교회 안에 있는 여러 다른 점을 철학과 의학 안에 있는 차이점과 비교하면서 교회와 ἁίρεσίς를 구분하지 않았다.

2. 이단의 정의

이단이라는 단어는 사이비와 함께 부정적인 뜻으로 많이 쓰인다. 이단은 기독교 신앙의 기본교리와 일치의 공통분모인 하나님, 예수 그리스도, 성령, 삼위일체, 성경, 교회, 구원에 대한 신앙 중 어느 하나라도 부인하거나 현저히 왜곡하여 가르치는 개인과 단체를 지칭한다. 사이비는 파당을 이루어 기독교 신앙의 기본 교리에 부수되는 주요한 교리를 부인하거나 현저히 왜곡하여 가르치는 경우로, 종교 본연의 긍정적인 기능보다는 자신들의 이익을 위해 사회를 어지럽히는 비윤리적인 개인과 단체를 말한다.

본래 이단異端은 헬라어 ἁίρεσίς를 한자로 번역한 것으로써 '음흉한 학파'라는 뜻을 가지고 있다.[28] ἁίρεσίς는 고전 문학이나 철학의 학파를 지칭할 때 사용했던 말이다. 통상적으로 ἁίρεσίς를 우리말로 '파派'라고 번역하는 것이 가장 자연스럽다. 우리가 알고 있는 유대교 종파 중 '사두개파', '바

---

28) Herod O. J. Brown, 『교회사 안에 나타난 이단과 정통』, 라은성 역 (서울: 그리심, 2001), 39.

리새파', '에세네파'가 대표적이다. 신약성경이 기록되었을 당시에는 비기독교인이 기독교인을 향해서 αἵρεσίς'라고 불렀다. 사도행전 24장 5절에 기독교인을 '나사렛 이단'이라고 불렀고, 같은 장 14절에는 이단을 따르는 종파로 묘사했다. 사도행전 28장 22절에는 유대인과 헬라인에게 반대를 받는 사상이라고 말했다. 그래서 이 단어를 일부 신약성경 저자는 '파당', '파벌'이라는 뜻으로 사용했다.

αἵρεσίς가 가장 많이 나오는 칠십인경LXX에는 이것이 여러 용례로 사용되었는데, 그 중에서 '선택'이라는 의미로 가장 많이 사용되었다.[29] 유대교 역사학자 Josephus는 에세네파를 지칭할 때 이 단어를 사용했다. 초기 기독교회 성도는 이단을 거짓 믿음에 미혹되어 교회에서 이탈한 무리 혹은 파당으로 이해했다. 바울은 고린도교회로 보낸 편지에서 고린도 교회 안에 있는 파당을 지적했 다.고전 11:19 또 갈라디아교회 성도에게 보낸 편지를 보면 이단은 육체의 일의 열매라고 말했 다.갈 5:20 Alister E. McGrath앨리스터 맥그래스는 이단을 다음과 같이 설명했다.

"이단이란 단어의 어원에 해당하는 헬라어 하이레시스는 이보다 더 복잡한 변천 과정을 거쳤다. 이 단어는 본래 선택 행위를 뜻하는 것이었으나, 시간이 흐르면서 그 의미가 점차 확대되어 선택, 선호하는 행동 경로, 사상 학파, 철학적 혹은 종교적 분파 등을 가리키게 되었다. 예를 들어, 후기 고전시대의 그리스 작가들은 당시의 다양한 의과 대학들과 더불어 스토아학파를 종종

---

29) "이단", 『청지기 성경사전』, 1995년 판, 1142-3.

하이레시스달리 말하면, 사상의 학파라 부르곤 했다. 1세기 유대인 역사가 요세푸스는 사두개파, 바리새파, 에세네파 등을 유대의 하이레시스의 예로 드는데, 이는 곧 파당이나 학파, 집단을 뜻하는 말이었다. 여기서 요세푸스가 하이레시스라는 단어를 비정통파라는 의미로 사용한 것은 절대로 아니다. 다만 그들이 유대교 안에서 별개의 동종 집단을 이루고 있다는 뜻이었다. 하이레시스라는 헬라어는 경멸의 뉘앙스가 없는 중립적인 단어로 아무 칭송이나 비판없이 공통 견해를 지닌 일단의 사람들을 가리킬 뿐이다. 한 마디로 평가적 용어가 아니라 기술적 용어라는 뜻이다."[30]

McGrath는 계속해서 말하기를 αίρεσίς는 초기 기독교회 당시에는 부정적인 뉘앙스를 갖고 있지 않았다고 주장한다. 그러나 이 단어가 기독교회 2세기에 오면서 αίρεσίς를 라틴어로 번역하면서 지금의 이단이라는 의미로 사용되었다. 2세기에는 αίρεσίς가 학파, 종파라는 더 이상 중립적 의미가 아니었다. 부정적 뉘앙스로 사용되면서 교회에서 제거되어야 하는 사람 혹은 집단으로 간주되었다.[31]

---

30) Alister E. McGrath, 『그들은 어떻게 이단이 되었는가』, 홍병룡 역 (서울: 포이에마, 2011), 63-4.
31) Ibid., 67.

제2장 • 교회사에 나타난 하이레시스

기독론은 초대교회 시대의 중요한 신학 주제였다. 주로 예수님의 신성과 인성에 관한 내용이었다. 이것은 예수님의 인성과 신성에 대해 어떤 입장을 가지고 있는가에 대한 중요한 문제였다. 어떤 사람은 예수님의 인성에 더 관심을 가지고 있었다. 예수님의 인성을 지나치게 강조한 나머지 하나님의 아들이라는 것을 부정하였다. 그 결과 예수님은 하나님의 아들이 아닌 유대의 위대한 선지자 가운데 한 사람 정도로 취급되었다. 이와는 반대로 예수님의 신성을 더 강조하는 사람이 있었다. 예수님의 신성을 지나치게 강조하면서 십자가에서 죽으신 예수님은 인간의 눈에 고난당하는 것처럼 보였다고 주장했다. 이것을 가현설이라고 한다. 이런 주장은 역사가 흘러오는 동안 계속 나타났다가 소멸되기를 반복했다. 오늘날에도 예수 그리스도의 신성과 인성 중 어느 한 부분만 강조하는 이단들이 있다. 오늘날의 이단은 갑자기 나타난 것이 아니라 교회 역사 속에 나타난 여러 이단들의 모습을 반복하고 있는 것이다. 교회사 속에 나타난 기독교 이단들은 셀 수 없이 많다. 그 많은 이단들을 모두 다루는 것은 불가능한 일이다. 그래서 연구자는 1세기부터 4세기까지의 고전적 기독교 이단들을 중심으로 교회사에 나타난 이단은 어떤 것들이 있었는지를 연구할 것이다.

1. Simon Magnus

사도행전 8장에 마술사 시몬이 나온다.

"그 성에 시몬이라 하는 사람이 있어 마술을 행하여 사마리아 백성을 놀라게 하며 자칭 큰 자라하니 낮은 사람부터 높은 사람까지 다 따르며 이르되 이 사람은 크다 일컫는 하나님의 능력이라 하더라"행 8:9-10 교회 역사를 보면 사도행전 8장에 등장하는 시몬은 Simon Magnus로 알려졌다. 그는 마술을 행하는 사람으로 베드로 사도가 성령의 능력으로 이적 행하는 것을 보고 그 능력을 돈을 주고 사려고 했던 사람이다.[32] 이 Magnus는 기독교 영지주의 이단의 원조가 되었다. 2세기 기독교 변증가인 Justin은 영지주의 창시자를 Magnus라고 말했다.[33]

Magnus는 마술을 기독교 복음을 교묘하게 혼합시켰다. 이 능력을 가지고 그를 따르는 추종 세력을 만들었다. 그는 두로 지방에 살던 Helena를 만났는데, 그 여인은 몸을 파는 사람이었다. Magnus는 여인을 보고 불쌍한 마음을 가지게 되었고, Helena를 매음굴에서 건져 주고 싶었다. 그 이유는 Magnus가 볼 때 Helena 마음 속에 순수함이 있다고 생각했기 때문이다. Helena 앞에 선 Magnus는 "나의 외모가 사람같이 보이지만 내 안에는 하나님이 계신다"라고 말했다. 이것을 가현설이라고 부르며 기독교 영지주의

---

32) Bill R. Austin, *Austin's Topical History of Christianity* (Wheaton, Illinois: Tyndale House Publishers, 1983), 72.

33) Justo L. Gonzalez, 『기독교사상사(I)』, 이형기, 차종순 역 (서울: 대한예수교장로회출판사, 1988), 165.

사상에서 흔히 볼 수 있는 주장이다. 그 이후 Magnus와 Helena는 함께 다니기 시작했고, Helena는 Magnus가 이끄는 무리의 예언자로 활동했다.[34]

Justin Martyr를 비롯한 저술가들은 Magnus가 교만하여 자신이 하나님의 능력을 가지고 있다고 주장했고, 그를 따르는 추종자들은 Helena를 성령으로 추앙했다고 증언했다. Magnus는 많은 지역에서 마술과 기독교 복음을 혼합시킨 영지주의 사상을 가지고 사람들을 미혹했고, 많은 추종세력을 이끌었지만 결국 로마에서 마술을 행하다가 불 속에 빠져 죽은 것으로 전해온다.[35] Magnus는 파트너 Helena의 마음 속에 있는 순수함을 보았다. 그 순수함이란 하나님의 영의 원시적인 개념인 Ennoia로써 내재하는 마음이다. Ennoia는 천사와 같은 능력을 만들어냈고, 어떤 것은 하나님을 배신했으며, 유한한 사람의 육체에 자신을 가두었다. Magnus의 눈에는 Helena에게 Ennoia가 있었는데, 그녀의 육체에 가두어져 있다고 생각했던 것이다. 그 Ennoia를 Helena 몸 밖으로 나오게 하여 성육신이 되게 하는 역할을 Magnus가 해 주었다. Helena를 구원하기 위해 하나님께서 Magnus을 선택하신 것이다. Magnus는 구약성경을 악한 것으로 간주하였다. 그는 구약성경은 사악한 천사에 의한 계시라고 말했고, Magnus를 통해 신앙을 억압하는 모든 요소를 제거할 수 있다고 주장했다.[36] 그리고 세상의 멸망을 기대했고, 천사와 세상을 억압하는 힘으로부터 자신을 따르는 사람들의 궁극적인 자유를 갈구했다.[37]

---

34) 김주원, 『이단대처를 위한 바이블로클리닉』(대전: 도서출판 대장간, 2011), 64.
35) 차종순, 『교회사』(서울: 한국장로교출판사, 1992), 64.
36) Herod O. J. Brown, 『교회사 안에 나타난 이단과 정통』, 101.
37) 서춘웅, 『교회와 이단』(서울: 크리스챤서적, 2010), 94.

Magnus는 많은 추종자들에 의해 하나님처럼 영광을 받았다. 그는 자신을 유대인의 아들이면서 사마리아에 강림할 아버지, 다른 민족에게는 성령으로 오시는 분이라고 말했다. 그리고 자신의 외모가 사람처럼 보이지만 실제로는 자기 안에 하나님이 있다고 주장했다.[38] Jerome은 "나는 하나님의 말씀이다. 나는 위로자이다. 나는 전능자요 나는 하나님의 모든 것이다"라고 주장한 Magnus의 말을 인용했다. Magnus는 자신을 메시야를 뛰어 넘어 하나님 자신이라고 주장했다. Magnus는 자기 자신을 하나님 아버지, 메시야, 성령인 삼위일체 하나님이라고 말했다. 그 결과 많은 사마리아 사람들과 타민족 사람들에게 신으로 추앙을 받았다. 이것은 마술과 속임수에 기독교 복음을 섞어서 만든 혼합주의 사상이었다.[39] Magnus과 이단은 기독교 사상에 두로의 신화, 유대교 사상을 적당히 혼합하여 영과 육을 구분하고 차별화하는 이원론적 구원을 강조했다. Magnus의 구원관은 하나님의 영인 Ennoia가 인간의 육체와 세상의 굴레로부터 벗어나는 것이라고 주장했다. 이렇듯 교회사와 성경에 나타나는 기독교 이단들의 사상은 혼합주의 양상을 띠고 있다. 차종순은 기독교 혼합주의를 다음과 같이 잘 설명하였다.

> 알렉산더 대왕의 동서양 통합 이후로 혼합주의syncretism가 새로운 형태의 사상으로 지중해 연안의 근동지방과 헬라의 여러 지방을 하나의 커다란 용광로처럼 혼합시켰다. 페르시아의 이

---

38) 라은성, 『정통과 이단』(서울: 도서출판 그리심, 2008), 36.
39) Justo L. Gonzalez, 『기독교사상사(Ⅰ)』, 165.

원론과 마술, 바벨론의 점성술, 동양의 각종 신비주의 종교, 헬라의 철학, 유대교의 율법, 기독교의 구원론 등이 기독교의 구원론을 골격으로 하면서도 헬라의 철학을 논리적인 근간을 혼합되었다. 그러므로 영지주의는 당시의 지식인들에게 큰 공감을 불러일으켰으며 기독교의 철학화를 더욱 가속시켰다.[40]

Magnus의 주장과 같은 기독교 영지주의 사상은 이원론적인 사고 방식을 채택하고 있으며, 가현설을 주장한다. 이것은 영은 거룩하고 눈에 보이는 물질은 모두 악하다고 보는 사상이다. 영지주의는 Plato의 이데아사상의 영향을 받은 기독교인 중에서 자주 나타났다. 요한서 7절 "미혹하는 자가 세상에 많이 나왔나니 이는 예수 그리스도께서 육체로 오심을 부인하는 자라 이런 자가 미혹하는 자요 적그리스도니"라고 말씀했다. 그 중에 '육체로 오심을 부인하는 자'가 나오는데 이 부류의 신앙을 기독교 영지주의라고 부른다. A.D. 379년 Constantinus 황제가 죽고 Theodosius 1세는 콘스탄티노플에서 교회회의를 열었다. 보통 이 회의를 니케아-콘스탄티노플 종교회의라고 부른다. 이 종교회의에서 결의되어 만든 신조의 특징은 기독교 영지주의 이단을 배격하는 것이었다. "그는 전능하신 아버지이시며, 하늘과 땅의 창조자이시고, 보이는 것과 보이지 않는 모든 만물의 창조자다". 영지주의자는 구약성경 창세기에 등장하는 하나님을 평가절하한다. 왜냐하면 거룩하신 하나님이라면 악한 세상을 만들지 않았을 것이라고 생각했

---

40) 차종순, 『교회사』, 59.

기 때문이다.[41]

2. Ebionism

Ebionism이라는 말은 Irenaeus가 제일 먼저 말했다. 에비온주의자라는 말은 히브리어 אביונים에비오니즘: ebionim인데, '가난한 사람들'이라는 뜻이다.[42] 이것은 초기 기독교인들이 전반적으로 사회 하층민이었기 때문이다[43]. Ebionism는 1세기와 2세기 초에 유대인의 관점으로 예수님을 해석하려던 진영에서 나왔다. 쉽게 말하면 이들은 예수님을 하나님이 보내신 유대인의 선지자 중의 한 사람으로 이해했다.[44]

Ebionism는 율법을 중요하게 생각했다. 선지자 예수는 율법을 폐지시키려고 한 것이 아니라 완성시키는 선지자라고 말했다. 이런 사상적 근거는 예수님의 증언 "내가 율법이나 선지자를 폐하러 온 줄로 생각하지 말라 폐하러 온 것이 아니요 완전하게 하려 함이라마 5:17"에 기초한다. 그러나 구약의 율법을 그대로 적용했던 것은 아니다. 유대교 에세네파의 영향을 많이 받은 Ebionism는 동물의 희생 제사를 하지 않았고, 세상에는 선과 악의 원리가 있다는 것을 인정했다. 그리고 선과 악이 모두 하나님께 나왔다는 믿음을 가지고 있었고, 그것에 대한 세세한 부분까지 일치하였다.[45]

Ebionism는 이 세상에 선과 악의 두 가지 원리가 있다고 말했다. 이 두

---

41) 탁지일, 『이단』(서울: 두란노아카데미, 2011), 34-5.
42) Bill R. Austin, *Austin's Topical History of Christianity*, 72.
43) Alister E. McGrath, 『그들은 어떻게 이단이 되었는가』, 367.
44) Ibid., 161.
45) Justo L. Gonzalez, 『기독교사상사(I)』, 156.

가지 원리를 남성 원리와 여성 원리라고 불렀다. 그리고 이 두 가지 원리로 세상을 해석했다. 그들은 악의 원리가 현 세상을 다스리고 있다고 생각했다. 반면에 선의 원리가 앞으로 올 세상을 다스리는 원리라고 말했다. 또 선의 원리는 하나님의 선지자들을 통해서 수차례 성육신 하였고, 하나님은 성육신한 선지자들을 통해 자신의 뜻을 열어 보여주었다. 그 증거로 아담, 아벨, 이삭, 예수님 등이 선의 원리가 성육신한 것이라고 주장했다. 반대로 악의 원리는 가인, 이스마엘, 침례 요한 등을 악의 원리라고 말했다.[46]

Ebionism는 예수님을 유대인 선지자 중의 한 사람으로 생각했다. 예수님의 동정녀 마리아에게서 탄생한 것을 인정하지 않는다. 오히려 침례를 받을 때 선지자로서의 사명과 능력을 받았다고 말한다. 예수님의 사명은 세상 사람을 구원하기 위한 것이 아니라 하나님께서 유대인에게 주신 율법에 순종하도록 세상 사람을 부르기 위해 주어졌다고 주장했다. 이런 Ebionism의 핵심은 율법이었다. 이들은 예수님을 율법의 완성자가 아닌 율법을 수행할 수 있는 모범을 보인 분으로 생각했다. 그런데 Ebionism는 사도 바울이 예수님을 마치 율법의 완성자인 것처럼 교회들에게 가르쳤다고 분노했다. 그리고 바울을 유대주의 이단이라고 정죄했다. 동물을 잡아 드리는 피의 희생 제사는 드리지 않았지만, 안식일과 할례를 중요하게 생각했다. 구약 모세오경의 제사는 하나님께서 원하시는 것이 아니고 악의 원리 또는 여성 원리의 영향 때문에 성경에 더해진 것이라고 말했다.[47]

Ebionism을 종합해서 볼 때 이들은 선과 악의 원리라는 이원론적 세계

---

46) 차종순, 『교회사』, 57.
47) Justo L. Gonzalez, 『기독교사상사(I)』, 156-7.

관 속에서 예수님의 인성은 인정했지만 신성을 부정하였다. 그들은 예수님을 위대한 선지자 중의 한 사람이며, 도덕적 스승 정도로 생각했던 것이다. 그들의 구원관은 안식일을 준수하고, 모세의 의식과 규례를 지킴으로 얻을 수 있다고 주장했다. 또 하나의 특징은 편협한 성경관이었다. 마태복음만 인정했고 그중에서도 그들의 주장에 부합하는 부분만 선별해서 받아들였다. 이들이 가장 싫어했던 성경은 바울 서신이었다. 율법 준수가 아닌 오직 믿음으로 의롭게 된다고 가르친 바울의 주장을 배격했고, 그의 사도로서의 권위도 인정하지 않았다.[48] 결국 Ebionism는 크게 확장되지는 못하고 소멸했다. 그 이유는 초대 교회 구성원들 중 유대인보다 이방인이 많아졌기 때문이다. 그러나 Ebionism은 초대 기독 교회에게 기독론과 구원론의 혼란을 일으킨 기독교 이단이었다.

3. Docetism

Docetis을 제일 먼저 말한 사람은 190-203년에 안디옥 주교로 있었던 Serapion이다. Docetism은 헬라어 δοκειν도케인에서 유래한 단어로써 '보이다'라는 뜻을 가지고 있다. Docetism의 핵심은 예수님이 실재 인간이 아니라는 것이다. 그들은 단지 예수님이 인간의 눈에 사람처럼 보였을 뿐이라고 주장했다.[49] 이 사상은 요한서신이 쓰여질 무렵 에베소에서 활동했던 Cerinthus와 연관이 있다고 Irenaeus는 말했다. Cerinthus는 예수님이 동정녀 마리아에게서 탄생한 것이 아니라 요셉과 마리아 사이에서 태어났다

---

48) 서춘웅, 『교회와 이단』, 101.

49) Bill R. Austin, *Austin's Topical History of Christianity*, 74.

고 주장했다. 그런데 예수님은 다른 사람들과는 달리 지혜롭고 신중하며 의로운 사람이었다. 예수님께서 침례를 받으실 때 미지의 아버지로부터 능력을 부여받아서 이적을 행하게 되었다. 그러나 십자가 고난을 받을 때 인간 예수와 그리스도는 분리되었으며, 그리스도는 영적인 존재인 만큼 고통을 느끼지 않았다고 주장했다. 즉 인간 예수와 신적인 그리스도를 구분한 것이다. 이것을 Docetism 즉 가현설이라고 부른다.[50] 나그함마디에서 발굴된 '위대한 셋의 둘째 논서'에는 Docetism이 분명하게 나타나 있다.

> "나는 그들이 작당한 대로 그들에게 굴하지 않았다. 나는 전혀 괴로움을 당하지 않았다. 거기에 있던 자들이 나를 벌했다. 그러나 나는 실제로 죽지 않았고 겉으로 죽은 것처럼 보였을 뿐이다.…그들이 일어났다고 생각한 나의 죽음은 그들의 잘못과 무지로 말미암아 그들에게 일어났는데, 이유인즉 그들이 그들의 사람을 죽음에 이르도록 못 박았기 때문이다. 그들은 귀와 눈이 멀었으므로 그들의 Ennoias가 나를 보지 못했기 때문이다. 그러나 이런 짓을 함으로써 그들은 스스로 정죄했다. 그렇다. 그들이 나를 보았고, 그들이 나를 벌했다. 쓸개즙과 식초를 마신 자는 그들의 아버지였다. 내가 마신 게 아니었다. 그들이 갈대로 나를 쳤지만, 어깨에 십자가를 졌던 사람은 시몬이었다. 그들이 가시 면류관을 씌운 자도 다른 사람이었다."[51]

---

50) 라은성, 『정통과 이단(I)』, 31.
51) Alister E. McGrath, 『그들은 어떻게 이단이 되었는가』, 177-8.

Docetism은 예수님의 신성은 인정하면서 인성은 부정했다. 인간의 눈에 환상과 환영으로 보였을 뿐 그리스도는 고통당하지 않았다고 주장했다. Docetism 역시 기독론을 심하게 훼손하는 기독교 이단이었다. 이 또한 이원론적인 세계관으로 예수님과 세상을 바라보았다. 결과적으로 Docetism적 기독론은 "예수님이 누구신가?"라는 질문에 역사적 수정주의를 만들어 성경과 교회 역사를 왜곡하는 결과를 초래하였다.[52]

4. Valentinianism

2세기 중엽에 Valentinus는 로마에서 활동하다가 155년경에 로마 교회로부터 추방을 당했다.[53] Valentinus는 기독교 신앙을 당시 유행했던 영지주의 방식으로 이해하고 발전시킨 신앙 운동이다.[54] 이 영지주의 사상을 기독교에 접목시킨 Valentinus는 영지주의를 기독교 안에서 체계화시켰으며 대부분의 영지주의는 Valentinus에 의해 온 것이라는 평가를 받고 있다.[55]

Valentinus는 이 세상을 지배하는 남성과 여성의 Aeon이 있다고 주장했다. 그는 천상에 나라가 있는데, 그곳을 Pleroma 즉 충만이라고 불렀다. 그리고 천상에는 Aeon이라는 천상의 존재들이 있다고 말했다. 그리고 천상의 나라 중심에는 하나님이 있고, 그 주변에는 동심원으로 존재하는 30개 이온이 있다고 말했다. 30개 Aeon들은 짝을 이루는데, 그들 나름대로 다른 Aeon을 가지고, 하나님과 가장 가깝게 있는 Aeon은 이성과 진리라고 주

---

52) Ibid., 178.
53) 차종순, 『교회사』, 61.
54) Alister E. McGrath, 『그들은 어떻게 이단이 되었는가』, 182.
55) 서춘웅, 『교회와 이단』, 135.

장했다. 그리고 맨 마지막에 있는 Aeon은 σοφία소피아 곧 지혜다. 그런데 σοφία소피아가 외도해서 demiurge 즉 조물주를 생산했는데, 이 조물주가 구약성경에 나타난 하나님이라고 말했다. 조물주 demiurge 는 악한 물질 세계와 인간을 창조했으며, demiurge 가 만든 모든 인간 안에는 σοφία소피아가 갇혀 있고, 인간의 몸을 영의 감옥으로 생각했다. 또 인간의 몸에는 영의 씨앗이 있는데, 영의 감옥인 인간의 몸을 벗어나서 Aeon의 세계로 돌아가기 위해서는 영의 씨앗에게 자양분을 공급해야 한다고 주장했다. 이 자양분이 영적이면서 신비한 지식인데, 이 신비한 지식을 γνωσις그노시스라고 불렀다.[56]

기독교 영지주의는 인간 예수가 침례를 받을 때 그리스도가 인간 예수 안에 있는 영적인 씨앗들에 신비한 지식을 전해주었고, 예수님이 십자가에서 죽을 때 인간 예수의 몸을 벗어나 Aeon이 천상으로 돌아갔다고 주장한다. 또 그리스도의 영적인 지식을 받은 사람들은 영혼의 자유를 얻게 되어 비로소 구원을 받게 되었다고 말한다.[57]

Valentinus는 이원론적인 사상을 가지고 있으며 예수 그리스도의 인성을 부정했다. 그는 물질을 악한 조물주 demiurge 의 창조물로 보았고, 예수 그리스도는 어떤 물질적인 것도 갖고있지 않다고 말했다. 그 이유는 악한 물질은 구원을 받을 수 없다고 생각했기 때문이다. 그는 예수님의 성육신 사건을 부정했다. 마리아를 통해 탄생한 것이 아니라 마리아를 통해 존재하게 되었다고 말했다. Valentinus는 예수님이 신비한 지식으로 영화롭게 되

---

56) 라은성, 『정통과 이단(I)』, 39.
57) 차종순, 『교회사』, 63.

었고, 영적인 사람은 하나님의 γνωσις, 그노시스를 얻게 되어 구원을 얻는다고 주장했다.[58]

Valentinus는 교회 안에 있는 사람을 영적인 인간, 혼적인 인간, 육적인 인간 세 계급으로 나누었다. 영적인 지식 γνωσις, 그노시스를 가지고 있는 영적인 인간, 영적인 지식 γνωσις를 획득할 수 있는 가능성을 가지고 있는 혼적인 인간, 영적인 지식 γνωσις와는 전혀 관련이 없는 육적인 인간으로 구분된다고 생각했다. 이런 사상적 근거를 가지고 기성 교회에서 드리는 예배를 폄하했다. 기성 교회에서 예배를 드리는 사람은 구원을 받을 수 없으며 기성 교회를 사람들과 모여서 친교를 나누는 사교장으로 간주했다. 그래서 영적인 지식을 가진 사람들과 별도의 예배를 드려야만 구원을 얻을 수 있다고 말했다. 이들의 모임은 형식적인 직급이 없었고, 처음에는 주사위를 던져서 해당되는 사람이 예배를 인도했다. 그러나 후에는 성령이 임했다고 말하는 사람이 자의적으로 성령의 음성이라고 선언하는 형식으로 예배했다.[59]

Valentinus와 그의 추종자들이 이해하는 하나님은 정통 교회와는 달랐다. 그들은 구약의 하나님과 신약의 하나님은 다른 존재라고 말했다. 구약의 하나님은 조물주 demiurge로서 세상을 악하게 창조한 신이고, 천상의 나라에 있는 선한 신이 신약성경에 나오는 하나님이라고 생각했다. 그는 정통 교회와는 다른 신론을 가지고 있었던 것이다. 또 Valentinus의 구원관은 믿음으로 얻는 구원이 아니었다. 그의 구원관은 모든 사람에게 알려진 것이

---

58) 서춘웅, 『교회와 이단』, 135.
59) 차종순, 『교회사』, 63.

아니라 소수의 영적인 사람이 구원을 소유하게 될 것이며 영적인 지식을 통해서만 가능하다고 주장했다. Valentinus는 물질을 창조한 조물주를 부정했기 때문에 구약성경의 선지자들을 부정했다. 또 예수님께서 '나보다 먼저 온 자들은 도적이요 강도'요 10:8라고 하신 것을 근거로 선지자들을 인정하지 않았다. 또 부활 역시 Valentinus는 어리석은 것이라고 말했다. 구원은 영에 해당하는 것이지 육체에 적용되는 것이 아니라고 생각했기 때문이다.[60]

Valentinus의 사상은 초대 교회 시대 성도가 쉽게 받아들일 수 있는 것이 아니었다. 일단 사도들의 가르침과 상당한 괴리가 있었고, 철학적이고 사색적인 영지주의를 기독교 신앙에 접목했기 때문에 일부 지식층에서 추구할 수 있는 신앙 형태였다. 초대 교회 시대 당시에 구원과 신에 대한 새로운 지식을 추구하는 철학자와 지식인들 중에서 관심을 가지고 합류했던 것을 보면 알 수 있다.

Valentinus의 영향을 받은 기독교 영지주의자들은 정통 교회와는 다른 신론과 구원론을 가지고 있었지만 추종자들의 열정과 비밀스러운 모임 때문에 확장될 수 있었다. 이들은 성경을 알레고리적으로 해석하였고, 숫자풀이술을 사용했다. 영지주의자들은 숫자에 큰 의미를 부여하였는데 대표적인 구절이 마태복음 20장 1절부터 16절까지 말씀이다.[61] 또 구약성경의 하나님을 신약성경의 하나님과는 달리 악한 신으로 본다. 조물주 demiurge는 구약성경에 등장하는 하나님으로 죄악된 세상과 인간을 창조했다고 말한

---

60) 서춘웅, 『교회와 이단』, 136.
61) 차종순, 『교회사』, 63.

다. 그래서 구약성경을 부인하는 경향을 가지고 있다. 무엇보다 기독교 영지주의의 특징은 가현설을 주장한다는 것이다. 사복음서의 예수님은 인간이 아니라 인간처럼 보인 Aeon이었다고 말한다. 결국 예수님의 동정녀 마리아를 통해 탄생한 것을 부정하고 십자가와 부활까지 부정한다. 기독교 영지주의의 최대 관심 주제는 구원이다. 이들의 구원은 정통 교회의 '믿음으로 의롭게 되어 구원얻는다'는 것을 부정한다. 오히려 영적이고 비밀스러운 지식을 가진 소수의 사람이 구원을 얻는다고 가르치며, 인간의 육체를 영적 감옥이라고 간주하면서 영적 감옥을 나와서 영혼의 본래 자리로 돌아가는 것을 구원이라고 주장한다. 즉 예수 그리스도의 십자가 대속의 사건을 전면적으로 부정하는 주장을 하는 것이다. 이러한 사상의 근저에는 이원론에 기인한다. 구원을 영적인 것으로만 한정시킴으로써 육체로 범죄하는 것을 죄로 간주하지 않는다. 결국 육체를 자유라는 미명하에 방임하게 하는 결과를 초래하게 하고, 교회의 윤리적 기반을 통째로 흔들게 되었다. 기독교 영지주의자들은 정통 교회와 다른 주장을 하면서 기성 교회는 육적인 자들의 모임으로 간주하고 교회의 체계와 조직을 완전히 부정했다.

5. Marcionism

Marcion은 소아시아 북부 해안도시 Pontus 지방의 Sinope에서 출생했다. 그는 감독의 아들로 태어난, 여러 척의 배를 가진 부유한 선장이었다. Marcion은 간음죄를 범한 후 로마로 도망을 갔다. 로마교회에 집회에 참석도 하고, 거액의 자선사업 기금도 기부했다.[62] 로마에서 바울의 복음을 접

---

62) Williston Walker, 『세계기독교회사』, 민경배 외 3인 역 (서울: 대한기독교서회,

하고서 자신만의 새로운 이론을 만들었다. 주후 144년경 Marcion은 교회로부터 쫓겨났다. 그러나 그를 따르는 수많은 지성인들은 Marcion 교회를 세웠다. Marcion 교회는 다른 영지주의 이단과 달리 정통 교회에게 가장 위협적인 집단으로 성장했다.[63]

　　Marcion의 사상은 이원론에 기초한다. Marcion은 율법과 공의가 물질계를 통치한다고 주장했다. 이 세상을 통치하는 하나님은 구약성경에 나타난 유대인들이 경배하는 존재라고 말했다. 구약의 하나님을 동물의 피를 흘리는 희생제사를 원하고, 전쟁으로 백성을 이끄는 존재며, 질투하는 신으로 묘사했다. 즉 구약의 하나님을 보복하는 하나님으로 생각했다. 그러나 이런 구약성경에 나타난 창조주 하나님과 달리 신약성경에 계시된 하나님은 사랑의 하나님이다. Marcion은 창조주 하나님과 사랑의 하나님은 다른 존재라고 주장했다.[64] 그가 말한 사랑의 하나님은 자비와 은총을 무조건적으로 죄인에게 베풀어 용서하는 분이라고 말했다. 그래서 구약성경의 하나님과 신약성경의 하나님은 분명 다른 존재며, 사랑의 하나님은 외계에서 이 땅에 오신 분으로 생각했다. 이런 주장은 기독교가 영지주의에 영향을 크게 받았다는 것을 보여준다. 물질은 악하고 영은 선하다고 생각하는 이원론이 구약의 하나님과 신약의 하나님을 구분하게 한 것이다.[65]

　　Marcion은 이원론에 근거하여 인간의 육체를 부정적으로 보았다. 물질은 악한 것이고, 인간의 육체도 악한 것이라고 말했다. 특별히 인간의 성을

1996), 65.
63) Ibid.
64) Timothy Jones, 『기독교역사』, 배응준 역 (서울: 규장, 2016), 39.
65) 서춘웅, 『교회와 이단』, 104-5.

악한 것으로 간주했다. 그는 자연스럽게 금욕주의적인 성향의 신앙을 강조했고, 포도주, 고기 심지어 결혼까지 금지하였다. Marcion의 그릇된 신관 때문에 하나님께서 창조하신 인간에 대해 잘못된 관점을 가지게 됐다. Marcion의 성경관은 매우 위험한 요소가 많다. Marcion은 구약성경의 하나님과 신약성경의 하나님은 다르다고 본 것에서 알 수 있듯이, 신약성경만 선호했다. 반면 Marcion은 구약성경과 유대인은 매우 싫어했다. 그런데 신약성경 안에도 유대교의 영향력이 있다고 생각했고, 신약성경 중 바울 서신 10개와 누가복음서를 임의로 개편하여 소위 Marcion 정경을 만들었다. 그는 누가복음에서 성령으로 잉태될 것에 대한 수태고지, 탄생, 침례, 시험, 족보, 베들레헴과 나사렛을 모두 삭제했다.[66] 특히 누가복음에서 족보를 삭제했다는 것은 예수님이 나사렛 출신 유대인이며 성육신했다는 것을 인정할 수 없다는 것을 의미한다.[67] Marcion이 Marcion 교회에 필요한 정경을 만든 것이 정통교회의 정경화 작업을 가속화시키는 계기가 되었다.[68]

　　Marcion이 바울과 바울 서신을 중요하게 생각한 이유는 구원관 때문이다. Marcion은 사도 바울이 율법을 통한 행위 구원을 거부하고 오직 하나님의 은혜로 얻는 구원을 주장했기 때문이다. 그래서 그는 구약성경과 율법을 전면적으로 부정했고, 사도 바울만이 유일한 사도라고 생각했다.[69] 결국 Marcion은 구약성경과 유대교는 기독교와 아무런 상관이 없는 것으로 생각했다. Marcion의 기독론은 영지주의 사상과 동일했다. 그는 예수 그리스

66) Alister E. McGrath, 『그들은 어떻게 이단이 되었는가』, 195.
67) Ibid., 196.
68) 차종순, 『교회사』, 65.
69) 박용규, 『초대교회사』(서울: 총신대학출판부, 1994), 199.

도가 인간이라는 것을 부정했고, 성육신 사건도 인정하지 않았다. Marcion 은 사랑의 하나님께서 조물주 demiurge에게 매여있는 인간들을 구원하기 위해 그리스도를 대가로 주었다고 말했다. 그 결과 인간은 구약성경의 조물주 demiurge의 율법적 요구에서 구원을 받게 되었다고 주장했다.[70] Marcion의 구원관은 정통교회와 달리 구약 율법에서 해방하는 것이라고 생각했다. 그리고 육체를 부정한 것으로 보았기 때문에 그가 생각한 구원은 영적인 구원으로 한정했다.[71]

6. Gnosticism

Gnosticism은 2세기 초 소아시아 지방에 널리 퍼져있던 사상이다. 본래 Gnosticism은 형이상학적이면서 이원론에 뿌리를 둔 고대 철학사상으로써, 알렉산더 대왕의 동서양 정복으로 서로 다른 문화권의 교류가 이루어지고 혼합되는 양상이 일어났다. 특히 페르시아의 이원론과 마술, 바벨론의 점성술, 동양의 신비주의, 서양의 철학, 유대교의 율법, 기독교의 구원론 등이 혼합되어 철학화된 기독교가 생성되었다.[72] 이것을 혼합주의화된 기독교 영지주의라고 부른다.

Gnosticism은 헬라어 γνωσις그노시스에서 유래되었는데, 물질 세계를 악한 것으로 보았다. 이런 악한 물질 세계로부터 고통받는 인간이 구원을 받기 위해서는 천상의 비밀스러운 지식을 소유해야 한다고 주장했다.[73] 이러

---

70) Bill R. Austin, *Austin's Topical History of Christianity*, 75.
71) 서춘웅, 『교회와 이단』, 106-7.
72) 차종순, 『교회사』, 59.
73) Timothy Jones, 『기독교역사』, 35.

한 주장 속에는 영적인 것은 선하고, 육체적인 것은 악하다고 보았던 형이상학적 이원론의 영향을 받은 것이다. 이 영지주의 사상이 기독교의 구원론과 혼합 절충이 되면서 인간의 영혼만이 구원을 받는다고 주장했다. 반대로 인간의 육체는 죄악된 것으로 구원과는 아무런 관련이 없다고 말했다.

기독교 Gnosticism은 육체를 죄악된 것으로 보았기 때문에 예수님의 성육신, 십자가 수난, 육체적 부활을 인정하지 않았다. 물론 기독교 Gnosticism은 예수님을 하나님의 아들이며, 인간을 구원할 메시아로 인정했다. 분명 예수님의 신성을 인정한 것이다. 그러나 그들은 예수님의 인성의 실제성을 부인했다. 이런 기독교 Gnosticism은 요한복음 1장 12절 "말씀이 육신이 되어 우리 가운데 거하시매"를 받아들이지 않았다.[74] 예수님의 성육신 사건을 받아들이지 않았던 기독교 Gnosticism은 십자가 수난과 몸의 부활도 부정했다. 오직 영적인 구원만을 주장했다. 그러나 사도들은 본디오 빌라도에게 십자가 고난을 받았고, 영혼뿐 아니라 몸의 부활을 증언했다. 그리고 예수님의 성육신, 십자가 수난, 몸의 부활을 부정하는 자들을 이단이라고 규정하고, 그런 사람들을 경계하라고 신자들에게 경고했다.

예수님의 신성을 강조하는 대신 인성을 철저하게 부정했던 기독교 Gnosticism은 가현설을 주장했다. 예수님께서 십자가에서 고난을 당한 것처럼 보였을 뿐이라는 것이다. 또 십자가에서 고난당하는 순간에 인간 예수의 인성과 하나님의 아들 신성이 분리되었다고 말했다. 달리 말하면 예수님의 신성은 그리스도이고, 인성은 예수라고 구분했던 것이다. 결국 신자의 구원은 예수님의 대속의 죽으심과 부활에 의한 것이 아니라 인간의 도덕적

74) 서춘웅, 『교회와 이단』, 140.

인 행위를 바탕으로 한 신비적인 지식, γνωσις그노시스를 소유한 사람만이 받을 수 있다고 말했다.[75]

기독교 Gnosticism은 구약을 부정하고, 신약성경 일부만 정경으로 인정했다. 그 이유는 구약의 하나님과 신약의 하나님을 다른 존재라고 믿었기 때문이다. 구약의 하나님은 물질 세계를 만든 악한 신이고, 신약의 하나님은 영적 세계를 만든 선한 신이라고 주장했다.[76] 그래서 구약의 하나님을 조물주, demiurge라고 불렀다. 이렇게 2세기 초에 나타난 혼합 절충주의 기독교 Gnosticism은 정통 교회로부터 인정받지 못하고 이단으로 규정되었다.

7. Arianism

4세기가 되면서 교회의 환경은 급격하게 변화했다. 그 중심에는 로마 황제 Constantinus가 있었다. 그는 로마제국의 안정과 통일을 위해 교회에게 호의를 베풀었다. 319년에 성직자 납세 의무가 면제되었고, 321년에 교회는 법인으로 특별 대우를 받았다. 그리고 일요일을 휴일로 제정하였다. 성직자를 위한 재정이 마련되고, 예루살렘, 로마, 베들레헴 등에는 로마 제국의 지원 하에 큰 교회 건물이 세워지게 되었다.[77] 건물과 함께 기독교 예술에도 큰 변화가 일어났다. 기독교 신앙이 더 이상 숨어있지 않아도 되었고 당당하게 예술로 그리스도가 표현되기 시작했다. 이제 그리스도는 하늘과

---

75) 차종순, 『교회사』, 59-60.
76) 라은성, 『정통과 이단(I)』, 43.
77) Williston Walker, 『세계기독교회사』, 129.

땅의 주인으로 로마제국의 각종 예술 분야에 등장하게 되었다. 예배 의식에
도 많은 변화가 일어났다. 가정과 카타콤에서 은밀하게 행해지던 예배가 황
제의 궁전을 사용하게 되었고, 각 지역마다 커다란 교회 건축물이 세워져서
화려한 예배를 드리게 되었다.

초대교회의 지도자를 교부라고 부른다. 교부는 3종류가 있는데, 사도들
의 직계 제자인 속사도가 있다. 그 다음 시대에 등장한 교부는 변증가들이
다. 대표적인 인물로 Justin Martyr, Irenaeus, Clement, Origen, Tertullian,
Cyprian 등이 있다. 속 사도와 변증가들은 대체적으로 순교를 했거나, 교
회와 함께 고난을 당했던 사람들이다. 마지막 세 번째 교부들은 니케아 종
교회의325 이후에 활동한 사람들이다. 후기 니케아 교부들은 속 사도와 변
증가들과는 달리 순교하는 일이 없었다.[78] 이런 변화는 교부들의 역할에
변화를 주었다. 그들은 제국의 핍박에 맞서서 순교를 가르치고, 이교도와
이단에 대항해서 변증하는 일을 더이상 하지 않아도 되었다. 오히려 교회
의 신앙과 신학을 일치시키는 일을 위해 교부들의 활약이 커졌다. 4세기의
Athanasius, 갑바도기아의 교부들 Basil the Great, Gregory of Nazianzus,
Gregory of Nyssa, Jerome, Ambrose, Augustine 등과 같은 교부들이 배출
되었고, 최초의 교회 역사가 Josephus도 이 시기에 등장했다. 국가의 비호
와 관용 속에 교회는 급속도로 팽창되었다. 그러나 이런 변화를 원하지 않
던 기독교인들은 수도원을 만들어 금욕주의 생활과 순교의 고행을 이어갔
다. 또 수백의 은둔 생활을 하는 은자들이 이집트 사막에서 기도와 고행을

---

78) 라은성, 『정통과 이단(I)』, 39.

했다.[79]

4세기의 기독교의 변화는 확실히 이전과는 다른 변화를 직면하게 되었다. 우선 이교도에서 기독교로 개종하는 일이 대량으로 발생하게 되었다. 이런 현상은 신앙의 깊이와 윤리적 수준을 낮추는 결과를 가져왔다. 또 로마제국과 황제의 지원으로 기독교 신학이 급속도로 발전하게 되었다. 더 이상 교회는 교회 자체만으로 존재할 수 없었다. 로마제국과 황제와 긴밀하게 연관을 가지게 됨으로써 황실은 어떠한 신학에 대해 손을 들어줄 수도 있고, 정죄를 할 수 있게 되었다. 결국 신학적 논쟁이 기독 교회 안의 문제가 아닌 정치적인 차원으로 확대될 수밖에 없었다.[80] 그 결과 예수 그리스도의 신성과 인성의 문제를 야기시킨 Arianism의와 성례전의 논쟁을 일으킨 Donatism가 발생하게 되었다.

Arius는 알렉산드리아 지역에 있는 한 교회의 장로였다. 그는 안디옥 Lukian의 제자였고, 그의 스승과 함께 오리겐주의 좌파 성향을 가진 대표적인 인물이었다.[81] Arius는 기독교인의 금욕주의적 생활을 강조하는 설교를 많이 했다.[82] Arius가 금욕주의적 생활을 강조할 수밖에 없었던 이유가 있었기 때문이다. Arius 약 250년-336년는 교회 박해 시대와 자유 시대를 모두 살았던 사람이다. 교회 핍박 시기에는 언제든지 순교를 각오하고 신앙생활을 해야 했다. 그러나 자유 시대가 되면서 많은 사람이 기독교인이 되었다. 그중에는 과거에 배도했었던 사람도 있었다. 갑자기 교회가 신앙의

---

79) Justo L. Gonzalez, 『기독교사상사(I)』, 311-2.

80) Ibid., 312.

81) Ibid., 313.

82) 서춘웅, 『교회와 이단』, 113.

자유와 로마제국의 비호를 받게 되자 강력한 신앙은 점차 쇠퇴하게 되었다. 더이상 두려움의 존재가 없는 상황에서 신앙은 급속도로 세속화되어갔다. 또 교회의 기강은 점차 무너지게 되었다. Arius는 알렉산드리아의 한 교회의 장로로서 약해져 가는 교회의 기강을 세우려고 하였고, 그 이상형을 예수 그리스도에서 찾으려고 했다.[83] 그는 기독교인이 된 사람들에게 윤리적인 삶과 수도적인 생활을 통해 신적인 사람이 될 수 있다고 가르쳤다. Arius의 이런 주장의 근저에는 예수 그리스도의 인성을 강조하는 사상이 있기 때문이다. 예수 그리스도도 성육신하여 인간이 되었는데, 고결하고 윤리적인 삶을 살고 침례를 받을 때 하나님의 아들이 되었다고 주장했다. 예수님의 삶을 본받아 윤리적인 삶을 사는 사람은 하나님의 신성과 연합하여 예수의 반열에 들어갈 수 있고 거룩하게 될 수 있다고 말했다.[84] Arius의 최대 관심사는 하나님의 초월성과 유일성이었다. 그는 다음과 같이 말했다.

> 우리는 한 분 하나님을 인정한다. 그분은 홀로 낳으시지 않으신 분이시며, 홀로 영원하시고, 홀로 시작이 없으시고, 홀로 참되시고, 홀로 불멸성을 가지고 계시며, 홀로 지혜로우시고, 홀로 선하시고, 홀로 주권자이시고, 홀로 만물의 심판자이시다. 하나님의 신성은 유일하고 초월적이시고 나눌 수 없으므로 다른 어느 존재와 공유하거나 교통할 수 없다. 따라서 하나님은 신성을 나누어 줄 수도 없으시고, 더불어서 다른 존재가 하나님의 신성

---

83) 라은성, 『정통과 이단(I)』, 72-3.
84) Ibid., 73.

에 참여할 수도 없다. 그러므로 하나님 이외의 모든 창조물은 하나님에 의해서 무로부터 창조된 것이다.[85]

Arius는 하나님의 초월성과 유일성을 지나치게 강조한 나머지 예수님의 신성을 종속적인 것으로 만들었다. 그는 예수님을 하나님께서 낳은 자로 생각하지 않았다. 오히려 하나님이 만든 자라고 말했다. 즉 Arius의 주장에 따르면 예수님은 하나님의 피조물이고 엄밀하게 말하면 하나님이 아닌 것이다. 그러나 예수님은 하나님의 최초의 피조물이며 율법을 완전하게 준수하였기 때문에 하나님의 신성을 받았고, 성도의 예배와 기도를 받는 대상이 되었다고 주장했다. Arius의 기독론은 예수님의 신성이 하나님 아버지의 신성에 종속된다는 입장이다. 이같은 종속적 기독론은 변증가들과 정통교회로부터 계속해서 배척을 받았다.[86]

Arius가 이와 같은 주장을 하게 된 배경은 영지주의 영향 때문이다. 영지주의는 예수님의 성육신 사건을 부정하고, 신성 역시 부인한다. 예수님도 단순한 인간으로서 성도에게 율법을 준수하는 윤리적 모범으로 생각했다. 그래서 성도는 예수님의 도덕적, 윤리적 삶을 본받고 실천하면 구원을 받는다고 가르쳤다. Arius의 추종자들은 예수님께서 침례를 받음으로 하나님의 아들로 입양이 되었다고 말했다.[87] 결국 325년에 개최된 니케아 종교회의에 참석한 감독들은 예수 그리스도의 신성을 부인하고, 인성을 강조하는

---

85) J. N. D. Kelly, 『고대 기독교 교리사』, 김광식 역 (서울: 한국기독교문학연구소출판부, 1980), 260-1.

86) 차종순, 『교회사』, 108-9.

87) 라은성, 『정통과 이단(I)』, 75.

Arius를 이단으로 규정했다.[88]

8. Pelagianism

Pelagianism은 영국 수도사 Pelagius에 의해 시작이 된 기독교 이단 사상이다. 그의 신앙 운동은 처음부터 기독교 이단을 만들기 위해 시작된 것은 아니다. 오히려 로마 안에 명목상 그리스도인의 모습을 개혁하려고 했다. 그 이유는 신앙의 자유를 얻게 된 이후부터 교회가 급속도로 타락하기 시작했기 때문이다. Pelagius는 그런 교회의 모습을 보면서 도덕적 갱신의 필요성을 느꼈다.[89] 당시의 교회는 신학적 견해 차이로 동방교회와 서방교회로 나뉘어져 있었다. 동방교회는 삼위일체와 기독론에 관심을 가지고 있었고, 서방교회는 죄와 은혜 문제에 집중하고 있었다. 이런 상황 속에서 서방교회는 구원 논쟁이 심화되었고, 그 논란의 중심에 Augustinus와 Pelagius가 있었다.[90]

Pelagius는 교회의 부패 원인을 잘못된 은혜론에 있다고 생각했다. 그리고 잘못된 은혜론을 전파하는 대표적인 인물이 Augustinus라고 생각했다. Augustinus은 그의 책 『고백록』에 "주께서 명하시는 것을 내게 주시고, 주께서 원하시는 것을 명령하소서"라고 썼다.[91] Pelagius는 Augustinus의 이런 주장에 대해 몹시 화를 냈다. 그 이유는 모든 도덕적, 신앙적 책임을 하나님께 돌린다고 생각했기 때문이다. 인간이 스스로 지은 죄에 대해 책임을

---

88) 서춘웅, 『교회와 이단』, 114.
89) Alister E. McGrath, 『그들은 어떻게 이단이 되었는가』, 239-40.
90) 서춘웅, 『교회와 이단』, 123.
91) 차종순, 『교회사』, 140.

지지 않고, 인간의 연약한 본성으로 책임을 돌리는 것을 받아들일 수 없었다. 그래서 Pelagius는 인간의 자유 의지를 강조하였다. 그런데 문제는 하나님의 은혜 없이도 인간은 충분히 죄를 짓지 않을 수 있고, 그런 자유 의지가 인간 안에 있다고 전파한 것이다. 결국 Pelagius는 정통교회가 받아들이고 있던 인간의 원죄를 부정했다. 아담의 죄는 아담 개인의 것이지, 인류 전체에 유전되는 것이 아니라고 말했다.[92] 반면 Augustinus는 인간 본성은 문제없이 창조되었지만, 아담의 불순종으로 모든 인류가 죄에 오염되어 타락했다고 주장했다. 그래서 이렇게 타락한 인간이 구원을 얻을 수 있는 유일한 방법은 하나님의 은총이라고 강조했다. 이런 상황 속에서 서방교회와 동방교회는 Augustinus가 주장하는 내용이 성경의 가르침이라고 믿었다.[93] 그래서 서방교회와 동방교회 모두는 Pelagius와 그의 추종자들을 이단으로 규정했다.

그 외에도 Pelagius는 전 인류가 그리스도의 부활과 함께 부활되지 않는다고 주장했다. 또 율법도 복음과 동일하게 신자를 천국으로 이끌어 준다고 말했다.[94] 그의 이런 주장들을 종합해 볼 때, 가장 큰 문제점은 구원에 관해 하나님의 역할보다 인간의 도덕적 책임을 지나치게 강조한 것이라고 말할 수 있다. 이런 Pelagius의 사상은 스토아 학파의 윤리적 삶과 자세를 기독교에 혼합한 것으로 판단된다.[95] 기독교 이단의 가장 대표적인 특징이 혼합주

92) Timothy Jones, 『기독교역사』, 82.
93) Alister E. McGrath, 『그들은 어떻게 이단이 되었는가』, 245.
94) Justo L. Gonzalez, 『기독교사상사(Ⅰ)』, 이형기, 차종순 역 (서울: 한국장로교출판사, 2008), 311-2.
95) Williston Walker, 『세계기독교회사』, 170.

의라고 볼 때, Pelagianism도 기독교 신앙에 스토아 학파 주장이 혼합된 형태로 봐야 할 것이다.

9. 소결론

성경은 해 아래 새 것이 없다고 말한다. 기독교 이단 역시 교회사에 존재했던 이단 사상이 반복되고 있다. 그래서 기독교 초기 이단들의 연구를 통해 이단 신천지를 비롯한 현존하는 이단들의 정체를 분석할 수 있다. 2세기부터 4세기까지 기독교 초기에 등장한 이단들은 모두 기독교 혼합주의 이단들이었다. 유대인들은 기독교에 할례와 안식일 준수와 같은 율법을 더하여 기독교 율법주의를 주장했다. 결국 기독교 율법주의는 예수님을 하나님의 아들이 아닌 위대한 선지자, 도덕적 스승으로 간주했다. 또 헬라 사상 영지주의를 기독교화해서 기독교 영지주의를 주장하는 무리도 생겨났다. 기독교 영지주의자들은 예수님을 구원자로 여기지 않고, 영적인 지식을 전달해주는 메신저로 생각했다. 그리고 예수는 인성, 그리스도는 신성이라고 주장하면서 십자가 사건을 통해 예수와 그리스도가 분리되었다고 주장하면서 가현설을 가르쳤다. 초기 기독교 이단들은 기독론과 구원론이 정통교회와 달랐다.

제3장 • 성경에 나타난 하이레시스

성경은 구체적으로 이단의 이름을 거론하고 있지 않지만, 성경시대에도 여러 형태의 거짓 선지자와 이단이 있었다는 것을 말하고 있다. 거짓 선지자와 이단은 야웨 신앙과 기독교 신앙의 모습을 가지고 있는 것처럼 보였지만 실제로는 혼합주의에 물든 신앙이었다. 그 혼합주의는 율법주의, 반율법주의, 영지주의, 신비주의 형태로 나타나서 하나님의 백성과 교회를 혼란케 했다.

1. 구약성경에 나타난 이단

구약성경은 거짓 선지자에 대한 경고가 많이 나온다. 구약성경에 나타난 거짓 선지자들은 이스라엘 백성뿐 아니라 정치 지도자들까지 미혹했다. 특히 이스라엘 왕정시대에는 야웨가 아닌 바알과 아세라를 비롯한 고대 가나안 신들을 음란하게 섬겼다. 이런 영적인 타락은 신앙뿐 아니라 국가 존립에도 심각한 영향을 끼쳤다.

1) 모세오경에 나타난 이단

(1) 출애굽기 7장 11절, 22절

이스라엘 백성들을 풀어 줄것을 요구하는 모세에게 바로는 기적을 요구했다. 아론의 지팡이는 뱀이 되었고, 애굽의 요술사들도 자신들의 지팡이를 뱀이 되게 하였다. 그런데 지팡이가 뱀이 되는 이적은 하나님께서 모세를 부르실 때에 보여준 것과 같았다. 그 결과 이스라엘 백성은 여호와께서 세우신 모세의 말을 믿고 순종했다. 그러나 바로는 모세가 행한 이적을 보았지만 주의를 기울이지 않았다. 왜냐하면 바로의 요술사들도 같은 종류의 이적을 행할 수 있었기 때문이다.[96] 바로의 요술사들은 단순히 기적을 행하는 사람들이 아니었다. 그들은 이러한 부적절한 행위로 백성들을 잘못된 방향으로 인도했다.[97] 출애굽기 저자는 지팡이가 뱀으로 바뀐 것을 "징조"오트:אות라고 하지 않고 "이적"모페트:מופת 으로 기록하였다. 이것은 애굽 왕 바로가 요술사들이 가지고 있는 은밀한 지식으로 모세의 이적을 대적하려고 했다는 것을 보여준다.[98] 이런 부적절한 지식을 따르고 있던 바로는 모세를 통해 전달된 하나님의 메시지를 주의깊게 듣지 않았고, 회개하려는 마음도 전혀 없었다.[99] 여기에서 말하는 뱀은 히브리어תנין탄닌으로 보통 뱀보다 더 무서운 존재를 의미한다. 아론과 애굽 요술사들이 만든 탄닌들은 대결을 하였다. 그 결과 아론의 탄닌이 애굽 요술사들의 탄닌을 삼켜버렸다.

"각 사람이 지팡이를 던지매 뱀이 되었으나 아론의 지팡이가 그

들의 지팡이를 삼키니라"출 7:12

---

96) G. J. Wenham, et al.,『IVP 성경주석 구약』, 김순영 외 5인 역 (서울: 한국기독학생회 출판부, 2005), 148.

97) John I. Durham,『출애굽기』,『WBC 성경주석』, 손석태, 채천석 역 (서울: 도서출판 솔로몬, 2000), 183.

98) Ibid., 183-4.

99) John D. Hannah and F. Duane Lindsey,『출애굽기 레위기』,『BKC 강해주석』, 김태훈 역, (서울: 도서출판 두란노, 2000), 45-6.

'삼키다'는 히브리어 בָּלַע 발라: bala라는 동사로서 출애굽기 15장 12절에 다시 나온다.

"주께서 오른손을 드신즉 땅이 그들을 삼켰나이다"출 15:12

여기에 '삼키다'는 바다 밑의 땅이 애굽 군인들을 삼킨 것을 말한다.[100] 아론의 탄닌이 애굽 요술사들의 탄닌을 삼켜버린 것은 하나님의 능력으로 바로 왕과 애굽이 어떤 심판을 받게 될 것인가에 대한 전조라고 할 수 있다. 하나님은 모세와 아론을 통해 이 말씀을 바로 왕에게 계시하였지만 애굽 요술사들은 요술을 행해서 진리를 깨닫지 못하도록 했다. 그 결과 바로 왕과 애굽 그리고 술객은 하나님의 심판을 피할 수 없게 된다.

사도 바울은 출애굽기 7장 사건을 디모데후서 3장 8절에 "얀네와 얌브레가 모세를 대적한 것 같이 그들도 진리를 대적하니 이 사람들은 그 마음이 부패한 자요 믿음에 관하여는 버림 받는자들이라"고 말했다. 바울은 모세를 대적한 사람을 얀네와 얌브레라고 기록했다. 이들의 요술은 단순히 신기한 것을 보여주는 것이 아니었다. 출애굽기 7장 22절에 "애굽 요술사들도 자기들의 요술로 그와 같이 행하므로 바로의 마음이 완악하여 그들의 말을 듣지 아니하니 여호와의 말씀과 같더라"고 말한다. 애굽 요술사들의 요술은 바로 왕이 모세를 통한 하나님의 말씀을 듣지 못하도록 하였다. 문제는 애굽 요술사들은 바로 왕이 모세와 아론을 통해 하나님의 말씀을 듣지

---

100) Terence E. Fretheim, 『출애굽기』, 『현대성서주석』, 강성열 역 (서울: 한국장로교출판사, 2011), 189.

못하도록 최선을 다하고 있다는 것이다. 이것을 칼빈은 마치 사탄이 하나님의 영광을 자신에게 돌리기 위해, 또 자신을 광명의 천사로 위장하기 위해 자신의 거짓됨을 가리기 위한 행위라고 말했다. 이는 사도 바울이 말한 것과 같이 진리를 대적하는 것이고, 하나님을 대적하는 것이다. 얀네와 얌브레와 같은 요술사들은 바로 왕뿐 아니라 애굽과 이스라엘 백성들도 하나님의 말씀을 듣지 못하도록 한 것이다.

(2) 레위기 19장 26절, 31절

레위기 19장은 여호와께서 모세를 통해 이스라엘 자손에게 주신 말씀이다. 이 말씀의 주제는 여호와 하나님께서 거룩하니 이스라엘 백성도 거룩해야 한다는 것이다.레 19:2 레위기 19장 26절에 이스라엘 백성들이 피해야 할 이교적인 관습 중 하나인 강신술에 대한 강력한 경고가 나온다.[101] 이런 의식과 풍습은 고대 근동 종교에서 잘 나타나는데, 히타이트 의식 문헌과 오딧세우스가 저승을 방문했다는 문헌에서도 찾을 수 있다.[102] 이 당시의 점술은 크게 두 가지가 있었다. '나하쉬'nachash는 짐승의 움직임과 향로의 연기를 보고 미래를 점치고 해석하는 것이다. 또 '아난'anan은 점술을 지칭하는 또 다른 용어다. '아난'은 구름의 이동을 보고 미래를 점치는 것이다. 이런 행위는 인간과 피조물을 창조하신 하나님의 주권과 섭리를 부정하는 행위다. 그러나 하나님의 엄중한 경고에도 이스라엘 백성은 미래에 대한 불

---

101) John D. Hannah and F. Duane Lindsey, 『출애굽기·레위기』, 『BKC 강해주석』, 231.
102) John H. Walton, et al., 『IVP 성경배경주석』, 정옥배 외 7인 역 (서울: 한국기독학생회출판부, 2008), 189.

확실성과 호기심 때문에 이방 점술사들을 찾아가 자신들의 미래를 물어보았다. 이런 관행은 이스라엘에서 쉽게 제거되기 어려웠다.[103]

또 하나님은 귀신을 부르는 강신술을 엄격하게 금하였다.

> "너희는 신접한 자와 박수를 믿지 말며 그들을 추종하여 스스로 더럽히지 말라 나는 너희 하나님 여호와이니라"레 19:31

이교도들은 점을 보면서 '귀신들'오보트: אבות과 '떠난 영들'이드오님: ידענים에게 의존했다. 이런 망자의 혼령을 영매를 통해 만나게 되면 특별한 지식을 얻을 수 있다고 생각했기 때문이다. 고대 근동의 영매들과 심령술사는 죽은 영들을 불러오는 의식을 행했다. 이 결과로 이스라엘 백성은 하나님을 예배하지 않고, 이방신에게 제사하게 되었다. 사무엘상 28장에 사울 왕이 무녀를 찾아가 죽은 사무엘의 혼령을 만나게 해달라고 부탁한 것이 나온다.[104] 강신술은 이스라엘 백성이 하나님을 믿지 않고, 다른 신에게 예배하는 통로가 되기 때문에 철저하게 금지하였다. 레위기 저자는 이교적인 관습 속에 깊이 자리잡고 있던 점술과 강신술이 이스라엘 백성들 안에서 윤리적인 인간 관계와 영적인 하나님과의 관계를 파괴할 위험이 있다는 것을 잘 알고 있었던 것이다.[105] 이것은 당시 가나안 종교가 육체적, 도덕적으로 손상을 입히

---

103) John E. Hartley, 『레위기』, 『WBC 성경주석』, 김경열 역 (서울: 도서출판 솔로몬, 2006), 639-40.

104) Ibid., 642.

105) Samuel E. Balentine, 『레위기』, 『현대성서주석』, 조용식 역 (서울: 한국장로교출판사, 2011), 264.

는 의식과 풍습으로 가득했다는 것을 보여준다.[106] 이러한 상황 속에서 살아갈 이스라엘 백성들에게 여호와께서 말씀하신 거룩함이란 단지 피동적으로 몸을 조심하는 것이 아니라 항상 세상 가운데 능동적으로 참여하여 본이 되는 것이라고 교훈했다.[107]

(3) 민수기 22장 7절

민수기 22장의 주요인물은 발람과 모압 왕 발락이다. 그리고 중요 역할을 하는 모압과 미디안이 등장한다. 이 당시 모압은 국가로서 국경을 가지고 있었던 반면, 미디안은 유랑 부족이었다. 그런데 모압과 미디안은 동맹관계를 맺고 있었다. 이스라엘이 아모리인에게 행한 일을 듣고 모압 왕 발락은 두려워했다. 발락은 동맹국 미디안 장로들에게 발람을 만나도록 요청했다. 고대 근동국가들은 군사력으로 대항할 수 없는 경우 점술가의 힘을 빌어서 전쟁을 승리하려고 했다. 발람은 이미 발락이 소문을 들어 알고 있을 만큼 유명한 선지자였다.

> "우리보다 강하니 청하건대 와서 나를 위하여 이 백성을 저주하라 내가 혹 그들을 쳐서 이겨 이 땅에서 몰아내리라 그대가 복을 비는 자는 복을 받고 저주하는 자는 저주를 받을 줄을 내가 앎이니라" 민 22:6

---

106) G. J. Wenham, et al., 『IVP 성경주석 구약』, 208.
107) Ibid., 255.

발락은 발람에게는 권능이 있어서 어떤 대상을 점찍어 저주를 하면 틀림 없이 이루어진다고 믿었기 때문이다.[108] 이런 관행은 고대에 흔한 일이었 다. 왕들은 왕실의 안정을 위하여 선지자를 고용했고, 그들의 신적 메시지 는 국가 운영과 정치, 경제에 반영되었다. 이렇게 고용된 선지자들은 왕이 듣고 싶어하는 메시지를 전달해야 한다는 부담감을 가지고 있었고, 왕이 원 하는 대답을 하지 못할 경우 재정 삭감 및 심한 경우 죽음을 당했다.[109]

22장 7절에 "모압 장로들과 미디안 장로들이 손에 복채를 가지고 떠나 발람에게 이르러 발락의 말을 그에게 전하매"라고 기록하고 있다. 복술의 예물케싸밈:קְסָמִים은 복채를 뜻하는데, 이교도들이 신의 의중을 듣기 위해 점 술사들에게 바치는 재물 등을 뜻한다.[110] 즉 복채는 이방신들에 대한 이교 도들의 생각이 어떤 것인지 반영이 된다. 이방신들은 인간들이 자신의 뜻에 거슬리거나 자기에 대해 소홀히 하는 것 같을 때, 재앙을 통해 자신의 존재 를 과시한다. 이 과정에 이교도들은 신의 노여움을 풀기 위해 제사를 드리 고, 제사에는 제물을 바치게 된다. 그리고 이 모든 것을 주재하는 것은 점술 사 또는 이방신을 섬기는 제사장들이 집례를 한다. 제물로 동물을 바치는데 심한 경우 사람까지 희생제물로 바친다. 그러면 비로소 이방신은 자신의 노 여움을 푼다. 이것이 고대근동의 이방신과 이교도들의 종교생활이었다. 애 굽으로부터 이스라엘 백성을 구원하신 하나님은 이교도와 같은 종교생활

---

108) Eugene H. Merrill and Jack S. Deere, 『민수기　신명기』, 『BKC 성경주석』, 문동 학 역 (서울: 도서출판 두란노, 2000), 72.

109) Olson, D. T, 『민수기』, 『현대성서주석』, 차종순 역 (서울: 한국장로교출판사, 2011), 210-11.

110) Philip J. Budd, 『민수기』, 『WBC 성경주석』, 박신배 역 (서울: 도서출판 솔로몬, 2006), 442.

을 원하지 않았다. 하나님은 이스라엘 백성과 인격적인 관계를 맺길 원하셨다.

모압 왕 발락의 뜻대로 발람은 예언하지 않았다. 그러나 민수기 25장 브올 사건에 발람이 연관되게 되었다.

> "이스라엘이 싯딤에 머물러 있더니 그 백성이 모압 여자들과 음행하기를 시작하니라 그 여자들이 자기 신들에게 제사할 때에 이스라엘 백성을 청하매 백성이 먹고 그들의 신들에게 절하므로 이스라엘이 바알브올에게 가담한지라 여호와께서 이스라엘에게 진노하시니라" 민 25:1-3

바알 브올 사건으로 이스라엘 사람 이만 사천 명이 죽었다. 이 사건은 이스라엘과 미디안이 원수관계가 되었고, 민수기 31장에 하나님은 미디안과 전쟁을 명령하셨다.

> "그 죽인 자 외에 미디안의 다섯 왕을 죽였으니 미디안의 왕들은 에위와 레겜과 수르와 후르와 레바이며 또 브올의 아들 발람을 칼로 죽였더라" 민 31:8

발람은 이스라엘을 저주하지는 못했지만, 이스라엘 백성에게 브올 사건으로 치명적인 타격을 입히는데 가담했다. 이런 발람의 행위와 교훈은 요한계시록에 등장하는 소아시아에 있던 버가모 교회 성도를 미혹하는 세력에게 영향을 주었다.

> "그러나 네게 두어 가지 책망할 것이 있나니 거기 네게 발람의
> 교훈을 지키는 자들이 있도다 발람이 발락을 가르쳐 이스라엘
> 자손 앞에 걸림돌을 놓아 우상의 제물을 먹게 하였고 또 행음하
> 게 하였느니라"계2:14

발람의 교훈은 성도들을 기독교 영지주의 사상에 빠지게 하고, 무율법주의자가 되게 하여 도덕적, 윤리적으로 방종한 삶을 조장한다.

(4) 신명기 13장 1절-5절

신명기 12장부터 26장은 가나안 땅에 들어간 이스라엘 백성이 어떻게 살아야 하는가에 대한 세부 규칙을 다루고 있다. 신명기 12장 29절부터 31절은 이방신 숭배 금지에 관한 말씀이다. 가나안 땅에 정착하게 될 이스라엘 백성들은 우상숭배에 빠질 수 있는 경향이 많았다. 오히려 이방신을 배척하고 멀리해야 할 이스라엘 백성이 이방신 숭배를 탐구하고 섬길 수 있는 풍토가 많이 있다는 것이 문제였다. 그래서 하나님은 모세를 통하여 이방종교를 삼가하라고 명령했다. 신명기 13장은 그 연장 선상에서 이스라엘 백성에게 하신 하나님의 말씀이다.

신명기 12장의 우상숭배 금지 명령에 대한 연장 선상에서 신명기 13장 1절부터 5절은 하나님의 선지자와 말씀을 빙자한 거짓 선지자의 출현을 말하고 있다. 거짓 선지자는 이적과 기사를 진리의 표준이라고 주장한다. 이

것은 인간의 이성을 초월한 불가사의한 기적만이 진리의 기준이라고 말할 수 없다는 것을 보여준다. 하나님의 말씀이 진리의 기준이어야 한다.[111] 신명기 13장 2절의 말씀은 민수기 22장의 발람 사건과 연관성이 있다. 발람은 이적과 기사를 행했고, 꿈을 통해 하나님의 계시를 받았던 선지자다. 신명기 13장은 발람 사건이 이스라엘 백성들에게 끼친 악영향의 크기를 시사한다. 거짓 선지자는 신적 권위를 가진 것처럼 예언하고 하나님이 아닌 우상숭배로 사람들을 미혹한다. 하나님은 이런 거짓 선지자의 출현을 약속의 땅을 앞에 둔 이스라엘 백성들에게 예고하셨고, 그들에 대한 대응법도 계시하셨다.

(5) 신명기 18장 20절-22절

신명기는 율법의 반복이다. 신명기 18장 20절부터 22절은 참 선지자와 거짓 선지자를 어떻게 구별할 수 있는가를 다루고 있다. 22절에 해답이 나오는데, 거짓 예언자의 말은 성취되지 않는다는 것이다.[112] 또 신명기 18장 20절을 보면 두 종류의 거짓 선지자가 있다고 말한다. 하나는 여호와의 이름으로 거짓 예언하는 거짓 선지자이고, 다른 하나는 다른 신들의 이름으로 예언하는 사람이다.[113] 당시 고대 근동 다른 문화권에서는 선지자의 메시지를 확증하기 위해 주로 점이 사용되었는데, 이스라엘은 이 방식이 허락되지

---

111) Eugene H. Merrill and Jack S. Deere, 『민수기 신명기』, 『BKC 강해주석』, 182.

112) G. J. Wenham, et al., 『IVP 성경주석』, 300.

113) Patrick D. Miller, 『신명기』, 『현대성서주석』, 김회권 역 (서울: 한국장로교출판사, 2011), 242.

않았다.[114] 하나님은 거짓 선지자의 출현을 예고하셨고, 거짓 선지자가 출현해서 백성들을 우상 숭배로 몰아갈 것에 대해서 경고하셨다. 거짓 선지자는 마치 하나님의 말씀을 대언하는 것처럼 선언한다. 그러나 그것은 하나님의 이름을 빙자해서 자기의 생각을 예언인 것처럼 전한다. 하나님은 이런 거짓 선지자를 죽임으로 악을 제거하라고 명령했다. "만일 어떤 선지자가 내가 전하라고 명령하지 아니한 말을 제 마음대로 내 이름으로 전하든지 다른 신들의 이름으로 말하면 그 선지자는 죽임을 당하리라 하셨느니라"신18:20 "죽임을 당하리라"는 히브리어 מִמּוֹת 우메트로써 보통 돌에 맞아 처형당하는 것을 의미한다.[115] 선지자가 전한 말씀이 하나님께로부터 온 것임을 확인하는 방법은 두 가지였다. 하나는 선지자의 예언이 하나님의 말씀에 부합되어야 한다. 만약 다른 이방신들의 이름으로 말했고, 비록 이적과 기사가 그들을 통해 나타났다고 해도 그 예언은 하나님의 말씀으로 용납될 수 없었다. 또 다른 하나는 선지자의 예언이 성취되어야 한다. 예언이 성취되기 위해서는 시간이 소요된다. 그래서 선지자의 신실성은 시간의 과정에서만 확인될 수 있다.

"사무엘이 자라매 여호와께서 그와 함께 계셔서 그의 말이 하나
도 땅에 떨어지지 않게 하시니 단에서부터 브엘세바까지의 온
이스라엘이 사무엘은 여호와의 선지자로 세우심을 입은 줄을

---

114) John H. Walton, et al., 『IVP 성경배경주석』, 정옥배 외 7인 역 (서울: 한국기독학생회출판부, 2014), 270.
115) Duane L. Christensen , 『신명기(상) 1:1-21:9』, 『WBC 성경주석』, 정일오 역 (서울: 도서출판 솔로몬, 2006), 752.

알았더라"삼상3:19-20

신명기는 자칭 하나님의 선지자라고 하는 사람이 이상의 두 가지 요건을 갖추지 못한다면 그는 거짓 선지자가 되는 것이다. 그리고 여호와는 이스라엘 백성들에게 이런 거짓 선지자들 두려워하지 말라고 경고했다.[116]

2) 역사서에 나타난 이단

(1) 사사기 17장 1절-6절

사사기 17장부터 21장은 이스라엘 사사시대의 사회적 부패와 신앙적 타락이 어떠했는가를 보여준다. 사사기 17장은 사사기 결론부에 해당하며 한 레위인이 등장하고 있다. 사사기 저자는 이야기속 등장 인물들이 여호와 신앙과 가나안 이방 종교가 혼합된 신앙을 어떻게 숭배했는가를 보여주고 있다. 그리고 이런 신앙행태를 '자기 눈에 옳은 대로' 행하는 것으로 평가하였다. 결국 자기 소견에 옳다고 생각하며 자기중심적인 신앙생활을 했던 사사시대 이스라엘 백성들은 도덕적, 종교적 타락으로 극심한 혼돈에 빠지게 되었다.[117] 사사기 17장에 등장하는 에브라임 사람 미가는 신당을 가지고 있었다. 미가는 "누가 야웨를 닮는가?"라는 뜻이다.[118] 그러나 17장을 보면 미가는 야웨가 누구이신지 제대로 알지 못했고, 미가뿐 아니라 이스라엘에

---

116) Eugene H. Merrill and Jack S. Deere, 『민수기 신명기』, 『BKC 강해주석』, 207-8.

117) G. J. Wenham, et al., 『IVP 성경주석』, 383.

118) Donald K. Campbell and F. Duane Lindsey, 『여호수아 사사기』, 『BKC 강해주석』, 장의성 역 (서울: 도서출판 두란노, 2000), 188.

단 한 사람도 여호와를 제대로 아는 자가 없었다는 것을 보여준다.[119]

　분명 그의 이름은 여호와 하나님과 긴밀하게 연결되어 있다. 그런 미가에게 하나님께서 금지하신 신당을 가지고 있었다는 것은 사사시대의 종교적 타락이 얼마나 심했는지를 보여준다. 이런 현상은 하나님께서 모세를 통해 일찍이 예견하신 일이었다. 가나안 땅 이방 종교에 물든 혼합주의 현상이 극에 달한 것이다. 미가는 어머니의 은 천백 개를 도둑질하였다. 미가의 어머니는 도둑이 누구인지 알지 못하고, 도둑을 저주알라ארר했다. 미가는 마음이 변하여 훔쳐간 어머니의 은 천백 개를 가지고 왔다. 그런 아들을 미가의 어머니는 저주가 아닌 여호와의 이름으로 축복을 했다.

　이것은 고대 이스라엘과 가나안 주민들이 저주와 축복에 대해 어떤 생각을 가지고 있었는지를 보여준다. 이 당시 어떤 사람의 지주를 풀기 위해서는 원래 저주했던 그 사람이 축복을 선포해야 저주가 풀릴 수 있다고 생각했던 것이다.[120] 미가의 어머니는 은 천백 개 중 이 백 개를 가지고 아들을 위해 신상을 만들었다. 그 신상을 만드는 것이 하나님을 위한 것이라고 고백했다.

　　　"미가가 은 천백을 그의 어머니에게 도로 주매 그의 어머니가
　　　이르되 내가 내 아들을 위하여 한 신상을 새기며 한 신상을 부어
　　　만들기 위해 내 손에서 이 은을 여호와께 거룩히 드리노라 그러

---

119) J. Clinton McCann, 『사사기』, 『현대성서주석』, 오택현 역 (서울: 한국장로교출판사, 2012), 207.
120) Trent C. Butler, 『사사기』, 『WBC 성경주석』, 조호진 역 (서울: 도서출판 솔로몬, 2011), 870.

므로 내가 이제 이 은을 네게 도로 주리라"삿17:3

미가의 어머니는 자신의 은을 하나님께 헌물했고, 그것으로 신상을 만들었다.

미가의 어머니의 행동과 신앙은 모순적이다. 신상을 만드는 것은 어떤 경우에도 용납될 수 없었기 때문이다.

"너를 위하여 새긴 우상을 만들지 말고 또 위로 하늘에 있는 것
이나 아래로 땅에 있는 것이나 땅 아래 물 속에 있는 것의 어떤
형상도 만들지 말며"출20:4

출애굽 이후 가나안 땅에 정착한 이스라엘 백성들은 하나님께서 모세를 통해 주신 십계명과 율법을 소홀히 하였다. 오히려 자기 소견에 옳은 대로 행한 것이다. 신앙의 기준이 하나님의 말씀이 아니라 자신의 생각, 신념, 느낌 그리고 경험에 바탕을 둔 주관주의적 신앙이 되어버린 것이다.

사사기에서 미가가 어머니께 드린 은 천백 개는 부정적인 생각을 가지게 한다. 은 천백개 자체가 부정적이기 때문이라기 보다는 사사기의 다른 사건 '삼손과 들릴라'에 은이 등장하기 때문이다.

"블레셋 사람의 방백들이 그 여인에게로 올라가서 그에게 이르
되 삼손을 꾀어서 무엇으로 말미암아 그 큰 힘이 생기는지 그리
고 우리가 어떻게 하면 능히 그를 결박하여 굴복하게 할 수 있을

는지 알아보라 그리하면 우리가 각각 은 천백 개씩을 네게 주리라 하니"삿16:5

들릴라가 블레셋 왕들에게 삼손을 파는 대가로 받는 돈이 은 천백 개였다.[121] 사사기 내부에서 은 천백은 구체적으로 무엇을 의미한다고 확정할 수는 없지만, 그 자체적으로 부정적인 뉘앙스를 가지고 있다는 것은 분명하다. 또 하나의 문제는 미가의 어머니가 미가로부터 받은 은 천백 개는 미가가 어머니의 것을 훔친 것이다. 미가 어머니는 은 천백개를 잃어버리고 훔쳐간 사람을 저주하였다. 미가는 분노하는 어머니의 말을 듣고 심경의 변화를 느끼고 은 천백개를 어머니에게 돌려주었다.

"그의 어머니에게 이르되 어머니께서 은 천백을 잃어버리셨으므로 저주하시고 내 귀에도 말씀하셨더니 보소서 그 은이 내게 있나이다 내가 그것을 가졌나이다 하니 그의 어머니가 이르되 내 아들이 여호와께 복 받기를 원하노라 하니라"삿17:2

미가의 어머니는 자신의 은을 훔쳐간 아들을 훈계하기보다 축복하였다. 그리고 그 은으로 신상 하나를 만들었다. 이것은 사사시대의 도덕적 타락이 어느 정도라는 것을 시사한다. 그리고 사사기는 도덕적 타락이 신앙적 타락과 긴밀한 관계가 있다는 것을 말한다.
신앙적 타락은 하나님과의 관계를 깨뜨린다. 미가는 어머니가 만든 신상

121) John H. Walton, et al., 『IVP 성경배경주석』, 386.

을 자신의 집에 두었다. 그리고 미가는 예배를 사유화했다.

> "그 사람 미가에게 신당이 있으므로 그가 에봇과 드라빔을 만들
> 고 한 아들을 세워 그의 제사장으로 삼았더라"삿17:5

에봇은 성막에서 제사장이 입는 의복이다. 성막이 아닌 곳에서 제사장이 에봇을 입는 것은 불법이었다. 그러나 미가는 자신의 아들 하나를 제사장으로 삼고 에봇을 입혔다. 그리고 고대 사람들이 자기 수호신처럼 여기던 드라빔을 산당에 같이 두고 예배했다. 사사시대는 도덕적 타락과 우상숭배 그리고 예배의 사유화로 인한 급격한 신앙의 부패를 시사한다. 이 모든 행위들은 하나님께서 말씀하신 계명에 위배되는 것이다.

> "너는 나 외에는 다른 신들을 네게 두지 말라"출20:3

> "너를 위하여 새긴 우상을 만들지 말고 또 위로 하늘에 있는 것
> 이나 아래로 땅에 있는 것이나 땅 아래 물 속에 있는 것의 어떤
> 형상도 만들지 말며"출20:4

> "그것들에게 절하지 말며 그것들을 섬기지 말라 나 네 하나님
> 여호와는 질투하는 하나님인즉 나를 미워하는 자의 죄를 갚되
> 아버지로부터 아들에게로 삼사 대까지 이르게 하거니와"출20:5

"너는 네 하나님 여호와의 이름을 망령되게 부르지 말라 여호와는 그의 이름을 망령되게 부르는 자를 죄 없다 하지 아니하리라"출20:7

"네 부모를 공경하라 그리하면 네 하나님 여호와가 네게 준 땅에서 네 생명이 길리라"출20:12

"도둑질하지 말라"출20:15

　미가와 미가 어머니가 보여 준 행동은 혼합주의, 기복주의, 주관주의적인 신앙관이 어떤 결과를 초래하는가를 보여준다. 자기 감정과 느낌, 자기 소견과 확신에 근거한 신앙은 위험하다. 그리고 진리에 토대를 세우지 않는 신앙은 이단성으로 흘러갈 가능성이 많다.

(2) 사무엘상 28장 7절

　기름부음 받은 이스라엘 초대 왕 사울은 매우 겸손한 사람이었다.

"사울이 대답하여 이르되 나는 이스라엘 지파의 가장 작은 지파 베냐민 사람이 아니니이까 또 나의 가족은 베냐민 지파 모든 가족 중에 가장 미약하지 아니하니이까 당신이 어찌하여 내게 이같이 말씀하시나이까 하니"삼상9:21

그러나 그의 말년은 하나님의 뜻과는 어긋난 삶을 살았다. 블레셋과 전쟁을 앞두고 사울은 극심한 두려움에 사로잡혔다. 결국 그 두려움 때문에 신명기의 금지조항과 자신이 내린 칙령까지 거스리게 되었다.[122] 선지자 사무엘이 죽었기 때문에 사울은 장래에 대해 물어볼 사람이 없었다. 그래서 사울은 신접한 여인을 찾았다.

> "사울이 그의 신하들에게 이르되 나를 위하여 신접한 여인을 찾으라 내가 그리로 가서 그에게 물으리라 하니 그의 신하들이 그에게 이르되 보소서 엔돌에 신접한 여인이 있나이다"삼상28:7

신접한 여자가 있었던 곳은 '엔돌'인데, 그곳은 블레셋 진영에서 멀리 떨어진 북쪽에 있는 촌락이었다. 사울이 그곳까지 신접한 여자를 만나러 갔다는 것은 그가 얼마나 블레셋을 두려워하고 있었는가를 보여준다.[123] 신접한 여자는 초혼술사로서 조상의 혼령을 다루는 여인이었다. 그리고 죽은 망령들을 부르기 위해 의식용 구덩이를 이용했다. 사람들은 구덩이를 죽은 자와 살아 있는 자들이 통과하는 마술의 현관이라고 믿었다. 그리고 둘 사이를 연결시켜주는 사람은 구덩이에 대한 특별한 지식을 가지고 있다고 생각했다.[124] 무엇보다 이 혼령들은 미래를 알 수 있는 지적 능력이 있는 존재עד로 인식되었다. 이런 초혼술에 의지하였던 사울의 태도는 율법을 거역하는

---

122) Brueggemann, Walter, 『사무엘상 하』, 『현대성서주석』, 차종순 역 (서울: 한국장로교출판사, 2010), 291.
123) G. J. Wenham, et al., 『IVP 성경주석』, 434.
124) John H. Walton, et al., 『IVP 성경배경주석』, 455.

행위였다.[125] 이것은 분명 하나님의 뜻이 아니었다.

사울 왕은 위기 상황에서 인내하지 못하고 하나님의 뜻을 여러 차례 거역했다. 사무엘상 15장에 하나님은 사울에게 아말렉과의 전쟁에서 모든 것을 진멸하도록 명령하셨다.

> "만군의 여호와께서 이같이 말씀하시기를 아말렉이 이스라엘에게 행한 일 곧 애굽에서 나올 때에 길에서 대적한 일로 내가 그들을 벌하노니 지금 가서 아말렉을 쳐서 그들의 모든 소유를 남기지 말고 진멸하되 남녀와 소아와 젖 먹는 아이와 우양과 낙타와 나귀를 죽이라 하셨나이다 하니"삼상 15:2-3

그러나 하나님의 명령에 사울 왕은 불순종했다. 그런 사울 왕은 두려움을 느낄 때 자신이 쫓아낸 신접한 자를 찾았다. 신접한 자는 강신술사다. 고대 사람들은 강신술사가 죽은 영혼과 살아있는 사람을 만나게 해주는 역할을 한다고 생각했다. 사울 왕이 만나고 싶었던 사람은 죽은 사무엘이다. 신접한 여인이 정말로 죽은 사무엘의 영혼을 불러올 수 있었던 것은 아니다. 여인에게는 그런 능력이 없었다. 단지 악령의 힘을 빌어 흉내를 내려고 했지만, 여호와 하나님께서 사울에게 은혜를 베풀어 마지막으로 사무엘을 만나게 하셨다.[126] 그러나 사울 왕이 죽은 사무엘을 신접한 여인을 통해 만나

---

125) Ralph. W. Klein, 『사무엘상』, 『WBC 성경주석』, 김경열 역 (서울: 도서출판 솔로몬, 2004), 458.
126) John W. Reed and Eugene H. Merrill, 『룻기, 사무엘상 하』, 『BKC 강해주석』, 문동학 역 (서울: 도서출판 두란노, 2000), 112.

려고 했던 태도는 하나님의 말씀을 또 한번 거역한 것이다. 하나님은 모세를 통해서 강력하게 경고했다.

> "너희는 신접한 자와 박수를 믿지 말며 그들을 추종하여 스스로
> 더럽히지 말라 나는 너희 하나님 여호와니라" 레 19:31

분명 사울 왕이 하나님을 믿지 않았던 것은 아니다. 그러나 위기 앞에서 하나님께서 금지하신 것을 거역하면서까지 해답과 위안을 얻으려고 했다. 이것은 신비주의와 혼합주의 신앙이 정통 신앙에서 이탈하게 하는 요인이 될 수 있다는 것을 시사한다.

(3) 열왕기상 18장 21절

선지자 엘리야는 주로 북 이스라엘 아합 왕이 다스릴 때 활동했다. 아합 왕은 여호와 하나님 대신에 이교도들이 천둥과 번개의 신, 농경의 신이라고 믿었던 바알을 숭배하였다. 아합 왕의 최측근에는 바알 제사장 450명이 함께 있었다. 또 아합 왕의 부인 이세벨은 시돈 출신이었다. 시돈은 이세벨의 고향이며, 아세라 여신의 신전이 있었다. 이세벨은 아세라 여신을 숭배하였고, 아세라를 숭배하는 제사장 400명도 아합 왕과 이세벨 가까이에서 정치와 종교에 관여했다. 이것을 통해 고대 근동에서는 남성 신과 여성 신을 함께 숭배하였던 것을 알 수 있다. 남성 신 바알과 여성 신 아세라를 통해 생산이 증대되고 풍요롭게 된다고 믿었던 이교도 신앙관에서 유래된 것이다.

하나님은 북이스라엘 아합 왕에게 전할 메시지를 엘리야 선지자에게 주

셨다. 신탁을 받은 엘리야는 아합 왕에게 나아갔고, 수년 동안 비가 내리지 않을 것을 전했다. 비가 내리지 않는다는 것은 단순히 가뭄을 예고한 것이 아니다. 농경의 신이면서 천둥과 번개의 신으로 숭배한 바알을 모독하는 것이었다. 이 선언은 아합 왕에게 정치와 국가경제 그리고 군사력에 심한 타격을 주었을 것이다. 반면 바알 제사장과 아세라 제사장들에게는 심한 모독과 함께 이스라엘의 진정한 신이 누구인가를 판가름 해야 하는 도전행위로 받아들였을 것이다. 엘리야 선지자를 통해 전달된 가뭄 심판은 이스라엘의 영적 상황이 어떤 상태인가를 보여 주는 것이다.[127]

> "너희는 스스로 삼가라 두렵건대 마음에 미혹하여 돌이켜 다른 신들을 섬기며 그것에게 절하므로 여호와께서 너희에게 진노하사 하늘을 닫아 비를 내리지 아니하여 땅이 소산을 내지 않게 하시므로 너희가 여호와께서 주신 아름다운 땅에서 속히 멸망할까 하노라" 신 11:16-17

가뭄 심판 예고는 엘리야 선지자 시대에 시작된 것이 아니다. 애굽을 나와 광야에서 생활했던 이스라엘 백성들에게 주신 하나님의 말씀이었다. 아합 왕이 통치하던 시대에 하나님의 말씀, 율법은 더이상 이스라엘 백성들에게 적용되지 않았다는 것을 보여준다. 이스라엘 백성들은 그 당시 주류 종교 바알과 아세라 숭배와 함께 여호와 신앙도 버리지 않았다. 이것이 구약

---

127) Thomas L. Constable, 『열왕기상 하』, 『BKC 강해주석』, 문동학, 이명준 역 (서울, 도서출판 두란노, 2000), 105.

성경에 나오는 대표적인 혼합주의 종교 양상이다. 그러나 이런 혼합주의 신앙도 여호수아가 일찍이 지적했다.

> "만일 여호와를 섬기는 것이 너희에게 좋지 않게 보이거든 너희
> 조상들이 강 저쪽에서 섬기던 신들이든지 또는 너희가 거주하
> 는 땅에 있는 아모리 족속의 신들이든지 너희가 섬길 자를 오늘
> 택하라 오직 나와 내 집은 여호와를 섬기겠노라 하니"수24:15

가나안 땅에 정착한 유목민 이스라엘 백성은 농경문화인 이방 문화에 신속하게 동화되었다. 그 문화의 중심에는 농경 신을 섬기는 종교가 있었다. 이스라엘 백성들이 하나님을 버렸다는 것은 개종했다는 의미가 아니다. 오히려 자신들이 조상 때부터 믿어온 여호와 신앙도 가지고 있지만, 이방 종교도 숭배하는 혼합주의 형태를 가지고 있었던 것이다. 이런 혼합주의 신앙이 여호와 하나님 신앙을 버린 것으로 간주되었다. 엘리야 선지자는 이스라엘 백성들이 조상 때부터 반복되고 있는 잘못된 신앙 행태를 지적하였다. 그래서 바알 예언자뿐 만 아니라 이스라엘 백성들까지 갈멜산에 소집하였다. 갈멜산은 Haifa 항구 남쪽에 있으며, 이스라엘과 페니키아의 경계 역할을 했다. 그리고 많은 산들과 같이 신성한 산으로 여겨졌다.[128]

> "엘리야가 모든 백성에게 가까이 나아가 이르되 너희가 어느 때
> 까지 둘 사이에서 머뭇머뭇 하려느냐 여호와가 만일 하나님이

---

128) John H. Walton, et al., 『IVP 성경배경주석』, 541.

면 그를 따를지니라 하니 백성이 말 한마디도 대답하지 아니하

는지라"왕상 18:21

"가까이 나아가다"나가쉬:ייי는 주로 결정을 요구하거나 논쟁을 시작할 때 사용하는 표현이다.[129] 엘리야는 가뭄의 원인이 배교라는 것을 백성들에게 일깨워주려고 했다.[130]

이 선언을 통해 당시 이스라엘 백성들의 신앙이 자기 중심적이고, 혼합주의와 기복사상에 근거했다는 것을 알 수 있다. 이스라엘 백성들이 결코 여호와 신앙을 포기한 것은 아니지만 우상 숭배도 함께했던 것이다. 바알과 여호와라는 두 신이 주는 혜택을 얻기 위해 두 신을 함께 섬겼다는 것을 알 수 있다.[131] 혼합주의 신앙이 아닌 오직 여호와 신앙으로 돌아올 것을 명령하는 것이다. 본문의 "머뭇머뭇하려느냐"는 절뚝거리며 넘어간다는 히브리어חספ 파싸흐를 번역한 것이다. 이스라엘 백성들의 영적인 상태가 심각한 문제가 있다는 것을 짐작하게 한다. "두 사이에서"로 번역된 히브리어는 "가지로부터 잘려진 가지"라는 뜻을 가지고 있다. 이것은 결단하지 못하고 우왕좌왕하는 이스라엘 백성들의 신앙행태를 묘사한 것이다.[132] Alt와 Wrthwein은 이 사건을 바알 숭배자와 야웨 열심당원들 사이에 벌어진 싸움으

129) Simon J. De Vries, 『열왕기상』, 『WBC 성경주석』, 김병하 역 (서울: 도서출판 솔로몬, 2006), 492.

130) Richard Nelson, 『열왕기상 하』, 『현대성서주석』, 김회권 역 (서울: 한국장로교출판사, 2011), 194.

131) G. J. Wenham, et al., 『IVP 성경주석』, 486.

132) Simon J. De Vries, 『열왕기상』, 『WBC 성경주석』, 김병하 역 (서울: 도서출판 솔로몬, 2006), 492.

로 해석했다. 그러나 이 가설은 성경적 증거와 산당의 잔해를 찾아볼 수가 없다는 약점을 가지고 있다. 오히려 백성들이 가지고 있었던 야훼신앙과 바알신앙의 혼합주의를 비판한 것으로 보는 것이 더 타당할 것이다. 이런 혼합주의 신앙의 행태는 요한계시록 소아시아 일곱 교회 중 하나인 라오디게아의 "차든지 뜨겁든지"에도 나타난다. "내가 네 행위를 아노니 네가 차지도 아니하고 뜨겁지도 아니하도다 네가 차든지 뜨겁든지 하기를 원하노라 네가 이같이 미지근하여 뜨겁지도 아니하고 차지도 아니하니 내 입에서 너를 토하여 버리리라"계 3:15-16 열왕기상 18장 21절은 고대 근동 이방 종교에 물든 이스라엘 백성들에게 순수한 여호와 신앙으로 돌아갈 것을 촉구하는 하나님의 말씀이다.

(4) 역대하 33장 6절

역대기는 이스라엘 왕에 대한 기록이다. 역대기는 신명기적 관점으로 기록된 열왕기서와 달리 제사장적 관점에서 남 유다 왕들의 행적을 평가하였다. 역대하 33장에 등장하는 므낫세는 그의 아버지 히스기야의 신앙을 따르지 않았다. 므낫세는 55년 동안 유다를 다스리는 동안에 하나님의 계명과는 상관없이 살았으며 그는 여호와 보시기에 악한 왕으로 평가되었다. 제사장적인 관점에서 볼 때 그는 분명히 악한 왕이다. 이방 종교와 이방신들에게 예배했고, 하나님께서 모세를 통해 주신 율법에 철저하게 금하시는 일들을 행했다. 그는 아버지 히스기야가 헐어 버린 산당을 다시 세웠다. 심지어 이방신의 제단을 성전에 두고 예배를 드렸다.[133] 므낫세의 이런 행동은

---

133) Eugene H. Merrill, 『역대상 하』, 『BKC 강해주석』, 이명준, 이종록 역 (서울: 도서

자신의 지위를 확고히 하려는 정치적 의도에 의해 시작되었고, 종교를 수단으로 이용했던 것이다.[134]

> "이 모든 일이 끝나매 거기에 있는 이스라엘 무리가 나가서 유다 여러 성읍에 이르러 주상들을 깨뜨리며 아세라 목상들을 찍으며 므낫세 온 땅에서 산당들과 제단들을 제거하여 없애고 이스라엘 모든 자손이 각각 자기들의 본성 기업으로 돌아갔더라" 대하 31:1

> "그의 아버지 히스기야가 헐어 버린 산당을 다시 세우며 바알들을 위하여 제단을 쌓으며 아세라 목상을 만들며 하늘의 모든 일월성신을 경배하여 섬기며" 대하 33:3

므낫세가 숭배한 신들은 가나안 땅 족속들이 섬기던 남녀 신들이었다. 그 중에서도 폭풍과 번개의 신, 농경의 신인 바알과 풍요와 다산의 아세라 여신께 경배했다. 그리고 12궁도 별자리와 관련 있다고 여기던 일월성신도 숭배했다.

역대하 33장 3절에 아세라 목상은 히브리어 האשרה아쉐라인데, 'sacred pole'신성한 장대로 되어 있다. 아세라 여신의 이름으로 불리던 장대는 여신

출판 두란노, 1999), 162.
134) G. J. Wenham, et al., 『IVP 성경주석』, 565.

에게 제사할 때 사용했던 제구祭具였다.[135) "아로새긴 목상"은 아세라 상을 말하는데, Mckay는 베니게 여신을 뜻하는 용어로 보았다.[136) 이것은 하나님께서 모세에게 주신 율법을 볼 때, 철저하게 금지하고 있는 것이었다.

> "너희는 도리어 그들의 제단들을 헐고 그들의 주상을 깨뜨리고
> 그들의 아세라 상을 찍을지어다" 출 34:14

> "오직 너희가 그들에게 행할 것은 이러하니 그들의 제단을 헐며
> 주상을 깨뜨리며 아세라 목상을 찍으며 조각한 우상들을 불사
> 를 것이니라" 신 7:5

> "그 제단을 헐며 주상을 깨뜨리며 아세라 상을 불사르고 또 그
> 조각한 신상들을 찍어 그 이름을 그 곳에서 멸하라" 신 12:3

이렇듯 역대하에서는 므낫세가 바알들을 위하여 제단을 쌓고, 신성한 장대들을 만들었다고 기록하였다. 므낫세의 이런 행위는 여호와 하나님 신앙을 배반한 것이다.

므낫세의 배교는 가나안 이방신에게 그의 아들들을 희생 제물로 바치기까지 했다.

---

135) Steven S. Tuell, 『역대상 하』, 『현대성서주석』, 배희숙 역 (서울: 한국장로교출판사, 2011), 331.

136) Raymond B. Dillard, 『역대하』, 『WBC 성경주석』, 정일오 역 (서울: 도서출판 솔로몬, 2005), 422.

"또 힌놈의 아들 골짜기에서 그의 아들들을 불 가운데로 지나가
게 하며 또 점치며 사술과 요술을 행하며 신접한 자와 박수를 신
임하여 여호와 보시기에 악을 많이 행하여 여호와를 진노하게
하였으며" 대하 33:6

므낫세는 가나안 종교의 사람 희생 제사를 했다. 사실 이러한 관행은 성
경 외의 증거는 희박하다. 앗수르의 법 문헌에 처벌 조항으로 일부 나온
다.[137] 율법은 이런 행위를 가증한 것으로 경고하였다.

"네 하나님 여호와께서 네게 주시는 땅에 들어가거든 너는 그
민족들의 가증한 행위를 본받지 말 것이니 그의 아들이나 딸을
불 가운데로 지나게 하는 자나 점쟁이나 길흉을 말하는 자나 요
술하는 자나 무당이나 진언자나 신접자나 박수나 초혼자를 너
희 가운데에 용납하지 말라 이런 일을 행하는 모든 자를 여호와
께서 가증히 여기시나니 이런 가증한 일로 말미암아 네 하나님
여호와께서 그들을 네 앞에서 쫓아내시느니라" 신 18:9-12

므낫세 왕의 악행은 이스라엘 백성들을 미혹하여 하나님 앞에서 범죄하
게 하였다.

---

137) John H. Walton, et al., 『IVP 성경배경주석』, 정옥배 외 7인 역 (서울: 한국기독학생
회출판부, 2014), 653.

3) 선지서에 나타난 이단

(1) 이사야 57장 3절-5절

이방 신 숭배에 심취한 이스라엘 백성들은 영적 간음자가 되었다. 성경의 상수리 나무엘림:מילא은 신적인 존재와 연관해서 나타난다. 무속과 간음은 다신론적 사상이었고, 신성한 나무에 신들이 살고 있다고 생각했다. 상수리 나무를 가리키는 מילא 엘림은 '신들'을 뜻하기도 했다. 가나안의 다산의 여신은 아세라였고, 상수리 나무는 아세라 여신의 제사 의식의 상징이었다.[138] 특히 영적 간음에 상수리 나무와 푸른 나무가 등장한다. '상수리나무 사이', '푸른 나무 아래'라는 말은 선지자들이 여호와 신앙과 가나안 종교가 혼합되는 것을 나타낼 때 사용하는 관용적 표현이다.[139]

> "또 산당들과 작은 산 위와 모든 푸른 나무 아래에서 제사를 드리며 분향하였더라" 왕하 16:4

또 상수리나무는 이방 종교의 성지를 상징한다. "상수리 나무 사이에서 음욕을 피우다"는 이방 종교 성지에서 행해지는 음탕한 술잔치를 뜻한다.[140] 이런 행위는 가나안 종교의 풍요를 비는 제사 의식에서 비롯된 것이다.[141]

---

138) Ibid., 918-9.

139) Paul D. Hanson, 『이사야(하) 40~66』, 『현대성서주석』, 이인세 역 (서울: 한국장로교출판사, 2011), 294.

140) John Watts, 『이사야(하) 34-66』, 『WBC 성경주석』, 강철성 역 (서울: 도서출판 솔로몬, 2006), 419.

141) G. J. Wenham, et al., 『IVP 성경주석』, 919.

고대 이방 종교의 특징 중 하나가 종교적 매춘이다.

> "그들이 산 꼭대기에서 제사를 드리며 작은 산 위에서 분향하되
> 참나무와 버드나무와 상수리나무 그늘이 좋음이라 이러므로
> 너희 딸들은 음행하며 너희 며느리들은 간음을 행하는도다 너
> 희 딸들이 음행하며 너희 며느리들이 간음하여도 내가 벌하지
> 아니하리니 이는 남자들도 창기와 함께 나가며 음부와 함께 희
> 생을 드림이니라 깨닫지 못하는 백성은 망하리라"호4:13-14

가나안 종교의 특징은 다산과 풍요의 신을 예배하는 것이다. 다산과 풍
요의 신에게 제사한 후, 숭배자들은 남신과 여신과 하나가 되기 위한 예식으
로 이방신 성전 창기들과 성관계를 갖는다. 이런 행위를 통해 가축, 농작물,
사람까지 다산이 보증된다고 믿었다.[142]

가나안 이방 종교는 어린이를 희생제사의 제물로 바쳤다. 이 잔인한 행
위는 고대 가나안 이방 종교의 신관이 어떤 것인지를 보여준다. 이방 종교
에 미혹된 이스라엘 백성은 율법에 근거한 신앙이 아니라 여호와 신앙과 가
나안 이방 종교 사상이 결합된 혼합주의 신앙을 가지게 되었다. 그 결과 하
나님과 올바른 관계를 가질 수 도 없었고, 바른 신관이 정립될 수도 없었다.
올바른 신학이 정립되어 있지 않기 때문에 이방 종교에 물든 그릇된 신앙관
을 가지게 된 것이다. 결국 율법이 금하고 있는 행동을 서슴없이 하게 되었

---

142) John A. Martin, 『이사야』, 『BKC 강해주석』, 김동건 역 (서울, 도서출판 두란노,
    2000), 199.

다. 고대 사회를 살아가는 그들은 풍요와 다산이 절대적으로 필요했다. 물론 이스라엘 백성들도 예외는 아니었다. 그러나 풍요와 다산이라는 결과가 이루어지지 않을 때는 신들을 제대로 섬기지 못해서 노엽게 했다고 반성했다. 분노하는 신들을 달래지 않으면 풍요와 다산을 보장받지 못한다고 판단했다.

분노하는 신을 달래는 최고의 방법이 어린아이를 희생제물로 바치는 것이었다. 이런 희생 제사를 가장 많이 행했던 자들은 페니키아의 몰렉을 예배하는 자들이었다.[143] "너는 결단코 자녀를 몰렉에게 주어 불로 통과하게 함으로 네 하나님의 이름을 욕되게 하지 말라 나는 여호와이니라"레 18:21 여호와 신앙과 가나안 이방 종교가 결합된 혼합주의 신앙은 성적으로 타락할 뿐 아니라 왜곡된 신앙관을 갖게 했다. 또 생명의 소중함을 간과하고, 물질주의에 노예로 전락하여 사람을 수단으로 이용하려는 태도를 가지게 되었다.

(2) 예레미야 14장 14절-16절

예레미야는 남 유다 후반기에 활동했던 선지자다. 남유다는 고대 근동 패권국인 바빌로니아의 위협에 놓여 있었다. 정치적으로 불안한 시기에 백성들은 동요가 되었고, 선지자들의 신탁에 촉각을 세우고 있었다. 예레미야는 신명기적 관점에서 회개하지 않는 남유다를 향해 심판을 선포했다. 즉 예레미야의 예언은 남유다가 바벨론에게 멸망당하고, 예루살렘이 파괴되

---

143) John D. W. Watts, 『이사야(하) 34-66』, 420.

는 것이 하나님께서 행하시는 정당한 조치라는 것이었다.[144] 그러나 예레미야와는 반대로 화평을 선포하는 예언자도 있었다.

"그들이 여호와를 인정하지 아니하며 말하기를 여호와께서는 계시지 아니하니 재앙이 우리에게 임하지 아니할 것이요 우리가 칼과 기근을 보지 아니할 것이며" 렘 5:12

"이는 그들이 가장 작은 자로부터 큰 자까지 다 탐욕을 부리며 선지자로부터 제사장까지 다 거짓을 행함이라 그들이 내 백성의 상처를 가볍게 여기면서 말하기를 평강하다 하나 평강이 없도다" 렘 6:13-14

남유다 후반기의 활동했던 평강을 선포한 선지자들을 거짓 예언자라고 말씀하셨다. 그들은 칼과 기근이 아닌 유다의 영원한 평화를 다윗에게 언약하신 대로 지속될 것으로 확신했다.[145] 분명 이 예언자들은 유다가 당하고 있는 고난을 언약의 저주가 아니라고 해석하고, 이것을 백성들에게 확신시켜 주려고 했던 사람들이다.[146]

다윗의 언약은 하나님의 말씀이 분명하지만 거짓 예언자들은 남유다의

---

144) Ronald E. Clements, 『예레미야』, 『현대성서주석』, 김회권 역 (서울: 한국장로교출판사, 2010), 149.

145) Charles H. Dyer, 『예레미야, 예레미야애가』, 『BKC 강해주석』, 장종식, 김정님 역 (서울, 도서출판 두란노, 2000), 76.

146) G. J. Wenham, et al., 『IVP 성경주석』, 946.

부패함과 사악함에 대해서는 어떠한 메시지도 전달하지 않았다. 그러나 남유다는 심각한 문제를 가지고 있었다. "이 악한 백성이 내 말 듣기를 거절하고 그 마음의 완악한 대로 행하며 다른 신들을 따라 그를 섬기며 그에게 절하니 그들이 띠가 쓸 수 없음 같이 되리라"렘 13:10 예레미야가 남유다에 심판을 전한 선지자인가 아니면 구원을 선포한 선지자인가라고 한다면 둘 모두가 맞을 것이다. 그러나 예레미야 선지자를 통해서 알 수 있듯이 신앙적 타락은 도덕적, 윤리적 타락으로 이어진다. 신앙적 타락과 도덕적, 윤리적 타락은 하나님의 진노와 심판을 피할 수 없다. 이것을 아는 사람은 하나님의 말씀에 근거해서 회개를 해야 한다. 그러나 남유다는 회개를 하지 않고, 우상 숭배도 여전히 행하면서 혼합주의적 신앙을 유지하려고 했다. 이런 신앙관과 태도는 하나님의 칼과 기근이라는 진노를 피할 수가 없었다. 남유다가 이런 선택을 하게 된 이유는 선지자의 사관史觀이 영향을 준 것이다. 구약성경의 저변에 있는 두 사관을 알고, 역사관의 균형을 가져야 한다. 두 사관은 신명기적 사관과 역대기적 사관이다. 하나님의 말씀은 진공상태에서 주어지는 것이 아니다. 인간의 역사 속에서 하나님의 말씀은 적절하게 주어졌다. 하나님께서 이스라엘 백성들에게 구원과 심판, 화와 복을 계시하셨다. 백성들은 하나님의 말씀에 순종과 불순종이라는 선택 앞에 놓여 있었던 것이다. 예레미야 선지자의 예언은 불순종을 선택해서 그 길을 가고 있던 남유다 백성들에게 하나님의 심판을 경고하고 회개할 것을 촉구했던 말씀이었다.

하나님께서 거짓 예언자라고 말했던 사람들의 특징은 거짓 계시와 점술, 헛된 것과 자기 마음의 거짓으로 예언을 했다.

"여호와께서 내게 이르시되 선지자들이 내 이름으로 거짓 예언

을 하도다 나는 그들을 보내지 아니하였고 그들에게 명령하거

나 이르지 아니하였거늘 그들이 거짓 계시와 점술과 헛된 것과

자기 마음의 거짓으로 너희에게 예언하는도다" 렘 14:14

거짓 예언자들의 행위가 다르게 표현되었지만 여러 번 반복을 통해 강조하고 확실하다는 것을 반증한다. 이것은 거짓 예언자는 하나님의 선지자와는 분명하게 다르다는 것을 시사한다. 그들은 여러 가지 행위와 말로 자칭 예언자로 활동하면서 남유다 백성들을 미혹했다. 이런 행위는 여호와 신앙과 이방 종교를 결합시킨 혼합주의 종교행태를 취한 것이다. 또 여호와 신앙은 계명과 율법에 기초하지만 이방 종교와 이방 종교에 물든 혼합주의 신앙은 신비주의와 엘리트 주의에 기초하고 있다.

(3) 에스겔 13장 1절-3절

에스겔서는 묵시적인 성격이 강하게 나타나는 예언서다. 묵시는 시대적으로 안정되지 못한 불안한 상황에 주로 나타나는 문학양식이다. 에스겔 선지자가 활동한 때는 유다의 마지막 위기 때였다. 자신의 예언과 활동에 대해 잘못 인식한 남유다 백성들에게 답변했다. 그리고 그는 같은 시대의 예언자들에게 예레미야 선지자의 비판을 확대, 강화해서 전파했 다. 렘 14:1-15:4, 23:9-40[147] 거짓 예언자들의 특징은 자기 마음대로, 자기 심령을 따라

---

147) Joseph Blenkinsopp, 『에스겔』, 『현대성서주석』, 박문재 역 (서울: 한국장로교출판
    사, 2011), 108.

예언하는 것이다. 그래서 이들은 자신을 하나님의 선지자라고 남유다 백성들에게 소개했지만 실제로 자칭 예언자에 불과했다. 에스겔은 그들의 메시지의 근원에 정면으로 도전했으며, 그들은 사실 아무것도 본 것이 없다고 주장했다.[148] 이 당시 두 가지 유형의 거짓 예언자들이 있었다. 하나는 자신들이 정말로 미래를 점칠 수 있다고 생각하는 자칭 예언자들이었다. 다른 하나는 돈벌이와 경제저 이익을 위해 주술과 마술을 섞어 사람들을 미혹하는 거짓 예언자들이 있었다.[149] 불안정한 국가 상황 속에서 남유다 백성들은 어떤 선지자가 하나님의 선지자인지 분별한다는 것은 쉬운 일이 아니었다. 그들의 눈에는 체제 옹호 예언자들과 반체제 선지자의 대결 구도만이 보였을 것이다.[150] 한 가지 분명한 것은 체제 옹호 예언자들은 시대의 부패상을 전혀 지적하지 않고 있다.

선지자 미가도 남유다의 거짓 예언자의 잘못을 동일하게 지적했다.

"내 백성을 유혹하는 선지자들은 이에 물 것이 있으면 평강을 외치나 그 입에 무엇을 채워 주지 아니하는 자에게는 전쟁을 준비하는도다 이런 선지자에 대하여 여호와께서 이르시되 그러므로 너희가 밤을 만나리니 이상을 보지 못할 것이요 어둠을 만나리니 점 치지 못하리라 하셨나니 이 선지자 위에는 해가 져서

---

148) Charles H. Dyer, 『에스겔』, 『BKC 강해주석』, 김정님 역 (서울: 도서출판 두란노, 2001), 67.

149) G. J. Wenham, et al., 『IVP 성경주석』, 999.

150) Leslie C. Allen, 『에스겔(상) 1-19』, 『WBC 성경주석』, 김경열 역 (서울: 도서출판 솔로몬, 2006), 397.

낮이 캄캄할 것이라"미 3:5-6

혼합주의와 신비주의 신앙에 물들어 있던 남유다 백성들은 하나님의 계명과 율법에는 소홀했다. 반면 어떤 선지자가 하나님의 묵시에 대해 신탁을 받았다고 말하면 귀를 기울였다. 그리고 그 내용이 자신들의 마음에 평안과 안심을 가져다 주면 그 사람을 하나님의 선지자로 용납했다. 하나님께서 파송한 선지자의 기준이 더이상 하나님의 말씀이 아니라, 자신들의 소견에 듣기 좋은 것을 취사 선택하는 잘못된 신앙이 되었던 것이다. 이런 신앙을 가지게 된 이유는 거짓 예언자들의 예언에 기인한 것이다. 참된 선지자와 예언을 구별하는 것은 결코 쉬운 일이 아니다. 그래도 성경에서 말하는 참된 예언의 한 가지 실증적인 기준은, 위기 상황에서 사회적 책임이 수반되느냐는 것이다.[151] 영적인 것과 육적인 것으로 구분하는 이원론 사상은 사회적 책임을 간과하고, 현실성 없는 몽상가적 신앙인으로 만들 가능성이 높다.

2. 신약성경에 나타난 이단

예수님과 사도들은 거짓 선지자에 대해서 강력하게 경고했다. 구약성경에는 거짓 선지자로 총칭되었던 것이 신약성경에서는 더 다양하게 표현되었다. 손할례당, 거짓 사도, 거짓 선지자, 거짓 교사, 적그리스도 등으로 언급되었는데, 이것을 총칭하는 단어가 이단이었다.

---

151) Joseph Blenkinsopp, 『에스겔』, 『현대성서주석』, 박문재 역 (서울: 한국장로교출판사, 2011), 109.

1) 복음서에 나타난 이단

(1) 마태복음 7장 15절-23절

마태복음 5장부터 7장까지를 산상수훈이라고 부른다. 마태복음 7장은 산상수훈의 후반부에 위치해 있다. 7장 15절부터 23절은 예수님께서 하나님의 백성들에게 도래할 천국에 이르는 길을 제시하신 후, 천국에 이르는 길을 방해하는 거짓 선지자들ψευδοπροφητης 프슈도프로페테스에 대해서 교훈하신 것이다.[152] 산상수훈 후반부의 중요한 주제는 거짓 선지자들을 조심하는 것이고, 그들을 어떻게 분별할 수 있는가에 대한 지침이 있다. 거짓 선지자는 구약성경에서 이스라엘 백성을 하나님으로부터 멀어지게 한 악한 자들로 묘사되어 있다. 구약시대 이후, 예수님께서 활동하던 시대에도 거짓 선지자들은 여전히 존재하고 계셨다. 예수님은 거짓 선지자들을 삼가라고 말씀하셨다. 마태복음 7장 16절부터 20절까지는 거짓 선지자들을 분별할 수 있는 기준에 대해 기록하고 있다. 거짓 선지자들을 분별하는 기준은 열매다. "그들의 열매로"라는 문구가 제일 먼저 사용된 것은 강조 용법이다. 즉 거짓 선지자를 분별하는 확실한 기준은 열매라는 것이다. 그런데 "그들의 열매로 그들을 알리라"마 7:1, 20는 말씀은 반복 표현으로 되어 있는데, 이것은 본문의 비유를 하나로 묶는 문학적 기법 inclusio인클루시오가 사용되었기 때문이다.[153] 헬라어 καρπός카르포스를 한글 성경은 열매라고 번역했

---

152) Louis A. Barbieri, Jr, 『마태복음』, 『BKC 강해주석』, 정민영 역 (서울: 도서출판 두란노, 2000), 58.
153) G. J. Wenham, et al., 『IVP 성경주석』, 1278.

다. 여기에서 열매는 올바른 행동에 대한 은유적 표현이다.[154] 거짓 선지자는 양과 염소 비유와 같이 종말에 분별할 수 있는 것이 아니다. 지금 그들의 행동 여부에 따라 하나님의 진실한 사람인지 아닌지를 구분할 수 있는 것이다. 여기에서 거짓 선지자들이 '양의 옷을 입고'라는 표현은 자신을 다른 사람들에게 내부 사람이라고 드러내는 것을 뜻한다. 그러나 그들의 의도는 하나님의 백성을 파괴하여 자신을 따르게 하는 것이다.[155] 예수님은 거짓 선지자들에 대해 경고하시면서 믿음과 행실 그리고 신조와 행위는 불가분의 관계를 맺고 있기 때문에 올바르지 못한 교리를 가지고 있는 자는 반드시 도덕적으로 타락하게 된다는 것을 보여주신 것이다.[156]

구약성경에서 언급한 거짓 선지자들의 공통점은 여호와 신앙을 빙자하고 있다는 것이다. 여호와 신앙에 가나안 땅 족속들 사이에 널리 퍼져있던 바알 신앙과 아세라 신앙과 이교도의 신앙까지 접목시켜서 혼합주의 신앙을 만들었다. 그리고 신비주의 방법으로 신적 권위를 내세웠고, 이원론 사상에 입각해서 영적인 것을 강조한 나머지 육적인 생활에 대해 소홀했다. 신앙인들이 자신을 돌아보고 회개하기 보다는 평안할 것을 선포했고, 목적을 위해서는 사교적인 것까지 서슴없이 도입했다. 예수님은 거짓 선지자들을 삼가라고 경고하시면서 그들의 특징을 언급하셨다. 그들은 예수님을 주여라고 부르지만 하나님의 뜻대로 행하지 않는다. 여기에서 하나님의 뜻

---

154) Donald A. Hagner, 『마태복음(상) 1-13』, 『WBC 성경주석』, 채천석 역 (서울: 도서출판 솔로몬, 1999), 340.

155) G. J. Wenham, et al., 『IVP 성경주석』, 1256.

156) R. V. G. Tasker, 『마태복음서 마가복음서』, 『TYNDALE 신약주석』, 김만풍, 김정우 역 (서울: 예수교문서선교회, 1979), 105.

은 도덕적, 윤리적 선행을 말하는 것 일 수 있다. 그러나 예수님은 자신이 이 땅에 오신 이유가 하나님의 뜻이라고 말했다.

> "내가 하늘에서 내려온 것은 내 뜻을 행하려 함이 아니요 나를 보내신 이의 뜻을 행하려 함이니라 나를 보내신 이의 뜻은 내게 주신 자 중에 내가 하나도 잃어버리지 아니하고 마지막 날에 다시 살리는 이것이니라 내 아버지의 뜻은 아들을 보고 믿는 자마다 영생을 얻는 이것이니 마지막 날에 내가 이를 다시 살리리라 하시니라" 요 6:38-40

거짓 선지자와 그를 따르는 무리는 예수님을 구원자로 믿지 않는다. 혹시 믿는다고 하더라도 예수님을 믿는 것 자체로는 구원을 받는데 미흡하다고 가르친다. 그러나 예수님은 하나님의 아들로서 자신을 믿음으로 구원받는 길을 열어 놓았다. 이것을 기독교에서 이신칭의라고 부른다. 그러나 기독교 이단들은 이신칭의로 구원얻는 것이 아니라 아버지의 뜻을 알 때, 비로소 구원을 얻는다고 주장한다. 이것을 기독교 영지주의 사상이라고 부른다. 아버지의 뜻대로 행하기 위해서는 아버지의 뜻이 무엇인지 알 때 행동으로 실천할 수 있다고 말한다. 그래서 영적인 지식을 강조하며 하나님의 뜻은 예수님의 비유 속에 은밀히 감추어져 있다고 주장한다.

또 거짓 선지자와 그의 무리들은 기도와 선지자처럼 전도도 한다. 그리고 귀신을 쫓는 권능을 행하기도 한다. 이런 모습만을 볼 때, 사람들은 그가 하나님의 참된 선지자라고 생각할 가능성이 높다. 그러나 구약성경에서 거짓 선지자들은 악한 영의 힘을 빌어 기적을 행하기도 했다. 본문을 통해 알 수 있는 것은 주의 이름으로 예언과 귀신을 쫓아내는 권능을 행하는 초자연적인 행위들이 하나님께 인정받는 선지자의 기준이 아니라는 것이다. 오히려 천국에 들어가는 기준은 예수님과 인격적인 관계에 근거한다는 것을 말씀하셨다.[157] 결국 7장 23절에 의하면 거짓 선지자들에게 주어진 예수님의 말씀은 "불법을 행하는 자들"이었다. "불법을 행하는 자들"이라는 표현은 문자적으로 '법 없이 행하는 자들'이라는 뜻의 헬라어 문장을 옮긴 것이다.[158] 예수님은 제자들에게 이런 법없이 행하는 거짓 선지자들을 조심하라고 말씀하셨다.

(2) 마가복음 13장 5절-6절

마가복음 13장은 예수님의 공생애 후반부에 위치해 있다. 일반적으로 마가복음 13장은 마태복음 24장, 누가복음 21장과 함께 '소 묵시록' 또는 '공관복음 묵시록'이라고 불린다.[159] 예수님은 제자들에게 예루살렘 성전 파괴를 예언했다. 이 말을 들은 예수님의 제자들은 충격을 받았고, 감람산에서 일부 제자들이 언제 그 일이 발생할 것이며, 징조는 무엇인지 질문을 했다. 마태복음은 이 내용을 세상 끝의 징조라고 기록하였다. 고대 유대 예언자들은 이러한 사건을 대환난과 마지막 전쟁에서 일어나는 것으로 말했

---

157) Louis A. Barbieri, Jr, 『마태복음』, 『BKC 강해주석』, 58.

158) Douglas R. A. Hare, 『마태복음』, 『현대성서주석』, 최재덕 역 (서울: 한국장로교출판사, 2012), 135.

159) Lamar Williamson, Jr, 『마가복음』, 『현대성서주석』, 소기천 역 (서울: 한국장로교출판사, 2010), 353.

다. 그래서 종말을 해산의 고통에 비유했다. 그러나 예수님은 이런 사건들이 종말의 때까지 일상적으로 일어날 것이라고 말씀하셨다.[160]

> "예수께서 감람 산 위에 앉으셨을 때에 제자들이 조용히 와서
> 이르되 우리에게 이르소서 어느 때에 이런 일이 있겠사오며 또
> 주의 임하심과 세상 끝에는 무슨 징조가 있사오리이까"마 24:3

　제자들은 성전파괴를 종말의 사건으로 이해하고 있었다. 예수님은 종말에 관한 징조를 말씀했다. 그 중에 제일 먼저 자칭 메시아를 주장하는 사람과 그들의 미혹행위에 대해 주의하라고 당부하셨다. 종말의 징조 중 제일 먼저 적그리스도의 등장을 예언하신 것에 주목할 필요가 있다. 예수님께서 말씀하신 종말은 영적인 사건이라는 것을 보여준다.

　그리고 종말이라는 영적인 사건 가운데 그리스도를 따르는 사람들을 미혹하는 존재들이 반드시 있다는 것을 말씀하셨다. 이 구절의 거짓 선지자가 일차적으로 누구일까라는 것에 학자들의 의견이 갈라진다. 일차적으로 A.D. 70년경 유대주의적 기독교 특히 기독교 영지주의 사상을 가지고 있던 거짓 메시야들의 반란을 의미한다고 보는 견해다.[161] 또 다른 견해는 거짓 선지자들이 로마와 관련되어 있다고 보는 견해다. 마가복음이 기록될 당시 패권국이 로마제국이었고, 로마는 여러 이단의 근원지였기 때문이다.[162]

---

160) John H. Walton, et al., 『IVP 성경배경주석』, 1401.
161) R. V. G. Tasker, 『마태복음서 마가복음서』, 250-1.
162) G. J. Wenham, et al., 『IVP 성경주석』, 1335.

이런 적그리스도를 가장 효과적으로 대처하는 방법을 주의하는 신앙의 자세를 갖는 것이라고 가르치셨다. 마가복음 13장 5절의 '주의하라'는 헬라어 βλέπετε블레페테다. 블레페테는 본다는 의미를 가지고 있는 βλέπω블레포에서 왔다. 적그리스도의 미혹을 가장 효과적으로 대처하기 위해서는 주의 깊게 관찰하고 바라보는 것이 필요하다.

적그리스도는 하나님의 신성을 흉내낸다.

> "많은 사람이 내 이름으로 와서 이르되 내가 그라 하여 많은 사람을 미혹하리라"막 13:6

종교적인 미혹하다는 πλαναν플라난은 구약과 신약에 여러 차례 등장한다.[163]

> "내가 사십 년 동안 그 세대로 말미암아 근심하여 이르기를 그들은 마음이 미혹된 백성이라 내 길을 알지 못한다 하였도다"시 95:10

구약적 배경에서 미혹하다, 미혹된 백성은 출애굽한 이스라엘 백성의 신앙과 연관이 있다. 처음에는 여호와 신앙을 가지고 있었지만 광야생활과 가나안 정복 과정을 지나면서 이방종교에 영향을 받았다. 그 결과 혼합주의,

---

163) Craig A. Evans, 『마가복음(하) 1-8:26』, 『WBC 성경주석』, 김철 역 (서울: 도서출판 솔로몬, 1999), 524.

기복주의, 신비주의 경향의 신앙으로 변질되었다. 이런 현상을 구약에서는 미혹되었다고 말한다. 신약성경 바울서신에서 많이 사용되었고, 요한일서와 요한계시록에서도 헬라어 πλαναν플라난을 사용하였다.고전 6:9, 15:33; 갈 6:7; 딤후 3:13; 요일 1:8, 2:26; 계 2:20, 12:9 164)

적그리스도는 자신이 메시야라고 주장한다. "내가 그라"는 헬라어 "ἐγω εἰμί"에고 에이미 는 즉 하나님께서 자신의 신성을 선지자와 백성들에게 계시하실 때 사용하는 표현이다.165)

> "하나님이 모세에게 이르시되 나는 스스로 있는 자이니라 또 이
> 르시되 너는 이스라엘 자손에게 이같이 이르기를 스스로 있는
> 자가 나를 너희에게 보내셨다 하라"출 3:14

적그리스도의 특징은 예수님의 권위를 빙자하여 세상에 자신을 드러낸다. 적그리스도는 구약에서 "여호와의 이름"으로 이스라엘 백성을 미혹했다면 신약에서는 "내 이름" 즉 예수님의 이름으로 성도를 미혹한다. "여호와의 이름으로"는 구약적 표현신 18:5, 7, 20, 22이고, "내 이름으로"는 신약적 표현이다.166) 마가복음 13장에서 예수님은 종말의 가장 대표적인 징조를 적그리스도의 출현과 미혹행위라고 예언하셨다.

---

164) Ibid.
165) John D. Grassmick, 『마가복음』,『BKC 강해주석』, 김도훈 역 (서울, 도서출판 두란노, 2000), 203.
166) Craig A. Evans, 『마가복음(하) 8:27-16:20』,『WBC 성경주석』, 김철 역 (서울: 도서출판 솔로몬,1999), 525.

2) 사도행전에 나타난 이단

(1) 사도행전 8장 9절-24절

집사 스데반의 순교 이후 예루살렘 교회에 박해가 시작되었다. 예루살렘 교회는 흩어지게 되었고 예루살렘 주변 도시에 복음이 전해졌다. 빌립은 사마리아에서 복음을 전했고 하나님의 기적이 일어났다. 빌립이 사마리아에서 복음을 전했다고 하는 것은 이례적인 일이다. 왜냐하면 유대인들과 사마리아인들 사이에는 오랜 시간 동안 형성된 적개심이 있었기 때문이다. 유대인들은 사마리아 사람들을 혈통적, 종교적으로 열등하다고 간주하였고, Josephus는 이득을 위해 양면 작전을 쓰는 자들이라고 비난했다.[167] 당시 기준을 볼 때, 사마리아 사람들에게 복음을 전하는 빌립은 동족을 배반하고, 유대교를 배반하는 자로 보였을 것이다.[168]

이 광경을 목격한 마술사 시몬은 침례를 받고 전도자 빌립을 따라다녔다. 시몬은 사마리아에서 마술을 행하는 사람으로 유명했고, 자칭 큰 자라 말했다. 또 사람들은 시몬의 마술을 보고 하나님의 능력으로 생각했다. 예루살렘의 사도들은 사마리아에서 일어나는 일에 대한 소식을 듣고 베드로와 요한을 파송했다. 두 사도가 사마리아 사람들에게 안수 기도 할 때에 성령의 능력이 나타났다. 시몬은 베드로에게 하나님의 선물을 돈 주고 사게 해 달라고 부탁했다. 시몬은 사도들이 전파하는 기독교가 강력한 능력을 가지고 있고, 자신의 능력보다 뛰어나다고 인정했지만 본질적으로 마술의 일

---

167) William H. Willimon , 『사도행전』, 『현대성서주석』, 박선규 역 (서울: 한국장로교 출판사, 2010), 113.

168) John H. Walton, et al., 『IVP 성경배경주석』, 1603.

종이라고 생각했다.[169]

그의 신앙은 이적과 연관되어 있었고, 삶 속에 거룩한 열매가 아닌 특이한 능력으로 경이감만 조장했다. 그는 성령을 돈을 주려고 사려고 했는데, 이것은 그가 가지고 있었던 신관神觀이 유물론적이었다는 것을 보여준다. 결국 사람들의 인기를 받던 그의 이름 Σίμωνί시모니는 성매매를 의미하는 술어가 되었다.[170] 그 외에도 교회의 직책을 사고판다는 뜻으로도 사용되었는데, 이것은 시몬이 베드로에게서 성령의 능력을 사려고 한 것에서 유래되었다.[171] 왜 시몬은 이런 생각과 행동을 했을까? 마술사 시몬은 당시 헬라 사상 영지주의에 영향을 받았기 때문이다. 또 마술사들은 마법의 능력과 비결을 얼마든지 돈으로 살 수 있다고 생각했다. 그의 이런 태도를 보고 베드로는 심하게 꾸짖었다. 마술사 시몬은 모세의 율법, 복음, 마술, 헬라 사상 등을 접하면서 진리에서 벗어난 혼합주의 신앙을 갖게 된 것으로 판단된다.

(2) 사도행전 15장 5절

사도행전 15장은 최초로 기독교 공동체의 총회인 예루살렘 회의에 관해 말하고 있다.[172] 문제의 발단은 샴마이 학파의 영향을 받은 바리새파 그리스도인들의 구원관때문이었다.[173] 분명 이들은 이방인들이 유대교의 모

---

169) Ibid.

170) E. M. Blaiklock, 『사도행전 로마서』, 『TYNDALE 신약주석』, 나용화 역 (서울: 예수교문서선교회, 1980), 105.

171) Stanley D. Toussaint, 『사도행전』, 『BKC 강해주석』, 허미순 역 (서울: 도서출판 두란노, 2000), 68.

172) E. M. Blaiklock, 『사도행전 로마서』, 148.

173) John H. Walton, et al., 『IVP 성경배경주석』, 1626.

든 것을 받아들여야만 그리스도인이 될 수 있다고 생각했던 것이다.[174] 그 중에서도 할례를 강조했던 것은 구약성경에 나타난 율법 전체를 가리키는 대표 의식이었기 때문이다.[175] 예수님 조차도 받으셨던 할례를 받아야만 언약의 백성으로 하나님께서 약속하신 복을 받을 수 있다고 믿었던 것이다.[176]

> "어떤 사람들이 유대로부터 내려와서 형제들을 가르치되 너희
> 가 모세의 법대로 할례를 받지 아니하면 능히 구원을 받지 못하
> 리라 하니"행 15:1

여기에서 어떤 사람들은 5절에 잘 나타난다.

> "바리새파 중에 어떤 믿는 사람들이 일어나 말하되 이방인에게
> 할례를 행하고 모세의 율법을 지키라 명하는 것이 마땅하다 하
> 니라"행 15:5

이런 바리새파의 구원관을 바울과 바나바는 받아들일 수 없었다. 그래서 이 문제를 예루살렘의 사도와 장로들에게 문의했다. 바리새파는 예수님에 대한 믿음뿐아니라 모세의 율법을 준수해야만 구원을 얻을 수 있다고 생각

---

174) G. J. Wenham, et al., 『IVP 성경주석』, 1498.

175) Stanley D. Toussaint, 『사도행전』, 『BKC 강해주석』, 114..

176) William H. Willimon , 『사도행전』, 『현대성서주석』, 박선규 역 (서울: 한국장로교
　　출판사, 2010), 195.

했다. 이런 기독교 사상을 기독교 율법주의라고 칭한다. 바리새파 그리스도인 전도자들은 안디옥, 수리아 그리고 길리기아에 있는 이방인 성도들에게 혼란을 주었다. 그래서 예루살렘 사도들은 바리새파 그리스도인 전도자들의 행위를 비판했다.

> "들은즉 우리 가운데서 어떤 사람들이 우리의 지시도 없이 나가서 말로 너희를 괴롭게 하고 마음을 혼란하게 한다 하기로"^행
> 15:24

바리새파 그리스도인들이 가지고 있던 기독교 율법주의 사상은 초기 기독교회 성도들의 구원관을 왜곡시키는 불건전한 이단사상이었다.

(3) 사도행전 20장 29절-30절

사도 바울은 3차 전도여행 중 에베소 장로들에게 고별설교를 했다. 바울은 그들을 επισκοποι에피스코포이즉 감독자라고 불렀다. 이 단어는 신약성경에 다섯 번 언급되었고, 그 중 네 번은 직분을 언급할 때 사용되었 다.^{빌 1:11;} ^{딤전 3:2; 딛 1:7177)} επισκοποι에피스코포이는 교회를 복음으로 먹이는 역할을 하면서도 이단으로부터 교회가 위험에 처하지 않도록 감시하는 자들인 것이다.[178]

바울은 장로들에게 교회 치리에 대하여 당부한 후, 에베소 교회에 나타

---

177) E. M. Blaiklock,『사도행전 로마서』,『TYNDALE 신약주석』, 216.
178) William H. Willimon ,『사도행전』,『현대성서주석』, 233.

날 위험에 대해 말했다. 그는 교회 성도들을 양 떼로 비유하였고, 지도자는 목자, 거짓 사도와 거짓 선지자들을 사나운 이리로 비유했다.[179] 사나운 이리라는 표현은 초대 교회 당시 거짓 선지자, 거짓 사도와 같은 이단을 지칭하는 용어로 사용되었다. 예수님도 거짓 선지자들을 삼가라고 말씀하셨다.

> "거짓 선지자들을 삼가라 양의 옷을 입고 너희에게 나아오나 속
> 에는 노략질하는 이리라"마 7:15

이런 거짓 사도, 거짓 선지자들은 교회에 들어와서 교회를 혼란케 할 것이라고 경고했다. 또 에베소 교회 지도자들 중에서 성도들을 미혹하는 일이 있을 것이라고 예언했다.행 20:30

유대 묵시문학은 말세가 되기 전에 의인들이 큰 고난을 받을 것으로 예언했다. 바울의 이 예언은 독창적인 것이 결코 아니다.[180] 그러나 이것이 바울의 독창적인 예언이 아닐지라도 그의 예언은 에베소 교회에 정확하게 나타났다.딤전 1:6-7, 19-20, 4:1-7; 딤후 1:15, 17-18, 3:1-9; 계 2:1-7[181] 초대 교회 당시 거짓 선지자인 이단들의 특징은 기독교 복음을 왜곡했으며, 교회 안에 있는 성도들을 미혹하여 교회를 흩어지게 하였다. 그리고 이단의 지도자를 따르게 하는 행태를 보였다. 바울은 자신의 전도로 세워진 교회들이 이단의

---

179) G. J. Wenham, et al.,『IVP 성경주석』, 1512.

180) John H. Walton, et al.,『IVP 성경배경주석』, 1650.

181) Stanley D. Toussaint,『사도행전』,『BKC 강해주석』, 162.

미혹에 빠지지 않도록 강력히 경고했다.

3) 바울서신에 나타난 이단
(1) 로마서 16장 17절-18절

바울은 자신이 개척하지 않은 로마교회에게 편지하면서, 자기가 세운 교회들이 흔히 겪었던 이단문제를 간략하게 언급했다.[182] 바울은 로마서의 결론부에서 거짓 교사, 영적인 원수에게 미혹 당하지 않도록 조심할 것을 경고했다.[183] 그러나 이 거짓 교사가 구체적으로 어떤 이단을 지칭하는지는 알 수 없다.[184] 그러나 바울의 사역과 관련해서 추측해 볼 때, 기독교 영지주의, 반 율법주의, 율법주의와 같은 이단으로 추정된다. 그는 이단들의 특징을 방해물을 놓는 자들이라고 표현했다. 방해물은 덫 또는 올가미를 뜻하는 헬라어 σκάνδαλα스칸달라다.[185] 바울은 로마교회 성도들에게 "분쟁을 일으키거나 거치게 하는 자들을 살피고 그들에게서 떠나라"고 말했다. 헬라어 σκοπειν스코페인으로 시작하는데, 이 동사의 원형은 σκοπέω스코페오다. σκοπέω스코페오는 '검사하다', '고려하다', '조심스럽게 살피다', '비판적으로 보다'라는 뜻을 가지고 있다. 이 단어는 누가복음 11장 35절을 제외하고, 오직 바울만 이 단어를 사용했다. 바울은 구원과 관련하여 하나님의 은혜를 강조하면서도 구원받은 백성으로서 책임있는 판단과 결단을 성도

---

182) E. M. Blaiklock, 『사도행전 로마서』, 『TYNDALE 신약주석』, 305.
183) John A. Witmer, 『로마서』, 『BKC 강해주석』, 허미순 역 (서울: 도서출판 두란노, 2000), 174.
184) G. J. Wenham, et al., 『IVP 성경주석』, 1593.
185) John A. Witmer, 『로마서』, 『BKC 강해주석』, 174.

들에게 강조한 것이다.[186]

이들의 특징은 18절에 잘 나타난다.

"이 같은 자들은 우리 주 그리스도를 섬기지 아니하고 다만 자기들의 배만 섬기나니 교활한 말과 아첨하는 말로 순진한 자들의 마음을 미혹하느니라" 롬 16:18

'섬기다'는 헬라어 δουλεύειν둘레우에인으로 종으로 섬기는 것을 뜻한다. 거짓 교사들은 성도들을 섬긴다는 미명 아래 자신의 이기적 욕구를 채우는 자들이며, 아첨하는 말로 의심하지 않는 성도들의 마음 즉 양심을 속인다. 존 칼빈은 거짓 선지자들이 그리스도의 영광에는 관심두지 않으며 자신들의 욕심을 채우는 일을 추구한다고 말했다. 진정한 복음 전파자의 특징은 다정하면서 반가운 태도이지만, 거짓 선지자들은 감언이설로 사람들의 마음을 살 뿐이라고 덧붙였다.

(2) 갈라디아서 2장 4절

바울은 갈라디아교회 성도들에게 거짓 형제에 대해 경계할 것을 말했다. 그 당시 많은 유대인들은 이방인이라 할지라도 우상숭배를 하지 않는 자는 구원받을 것이라고 생각했다. 단 조건이 있었는데 반드시 할례를 받는 자만이 유대인과 동일한 언약 백성이 된다고 믿었다. 그래서 유대인 그리스도인

---

186) James D. G. Dunn, 『로마서(하) 9-16』, 『WBC 성경주석』, 김철, 채천석 역 (서울: 도서출판 솔로몬, 2005), 628.

중의 다수는 할례를 구원의 조건으로 주장했던 것이다.[187] 이들은 교회 안에서 '할례당'이라고 불리던 자들로서, 바울은 이 '할례당'을 거짓 형제라고 규정했다.[188] 거짓 형제들은 바울과 같이 참되고 헌신된 사람인 것처럼 말하고 행동하면서 바울의 선교활동과 교회 성도들의 신앙을 미혹하는 자들이었다. '가만히 들어온'으로 번역된 헬라어 형용사 παρεισάκτους파레이사크투스는 적진에 침입한 스파이를 지칭할 때 사용하는 단어다.[189] 바울의 복음전파를 위협했던 이단은 기독교 율법주의자들로서 복음에 위배가 되는 유대주의 사상을 심으려고 했다.

바울은 갈라디아교회 성도들에게 자신이 과거 예루살렘을 방문했던 일을 썼다. 그가 예루살렘을 방문했던 이유는 크게 두 가지다. 하나는 기둥같은 사도들이 거짓형제들의 편이 아니라 바울을 지지한다는 것을 말하려는 것이다. 다른 하나는 이방인에게 강제로 할례를 받게 하는 것은 복음의 진리에 위배된다는 것을 알려주려는 것이다.[190] John Calvin은 4절을 두 가지 뜻으로 이해할 수 있다고 말했다. 하나는 거짓 형제들이 계속 할례를 강요했지만 바울이 행하지 않았다고 보는 견해다. 또 다른 하나는 바울이 단호하게 디도에게 할례를 행하지 않은 것은 거짓 형제들에게 빌미를 제공하지 않기 위해서였다는 주장이다. Calvin은 후자의 해석을 따랐다. 바울은 거

---

187) John H. Walton, et al., 『IVP 성경배경주석』, 1811.

188) G. J. Wenham, et al., 『IVP 성경주석』, 1664.

189) Richard N. Longenecker, 『갈라디아서』, 『WBC 성경주석』, 이덕신 역 (서울: 도서출판 솔로몬, 2005), 252.

190) Charles B. Cousar, 『갈라디아서』, 『현대성서주석』, 천방욱 역 (서울: 한국장로교출판사, 2004), 68.

짓 형제들의 책략을 알았기 때문에 디도가 할례 받는 것을 막았다. 만약 디도에게 할례를 받게 했다면 바울도 구원받기 위해 할례를 받게 했다고 거짓 형제들이 전파했을 것이다.

(3) 빌립보서 3장 2절

바울은 빌립보교회 성도들에게 강한 어조의 용어를 사용하면서 이단을 조심하도록 경고했다. 그들은 유대인 그리스도인 순회 교사들로서, 이방인도 할례를 받아야 구원을 얻을 수 있다고 주장한 사람들이다.[191] 바울은 빌립보교회 성도들을 위협하는 이단을 '개들'이라고 말했다. '개들'이란 유대인들이 사용하는 용어로써 이방인들, 부정한 짐승들, 좀도둑들과 쓰레기 뒤지는 사람들을 지칭하는 말이다. 바울은 이들을 보통 유대인들이 사용하는 '할례자들'이라고 부르지 않고, 경어인 '손할례당'이라고 호칭했다. 이와는 반대로 바울은 빌립보교회 성도들에게 참된 할례파라고 말했다.[192] 여기에서 특이한 것은 바울이 손할례를 뜻하는 헬라어 περιτομή페리토메가 아닌 κατατομή카타토메를 사용했다는 것이다. 이것은 레위기 21장 5절에서 금지된 이방인 행위 즉 육체의 절단, 훼손을 지칭하는 단어다. 이런 행위는 열왕기상 18장 28절에 바알 제사장들이 비를 구하는 장면에서 잘 나타난다.[193]

빌립보교회 성도들이 주의해야 할 이단은 기독교 율법주의 이단이었다.

---

191) John H. Walton, et al., 『IVP 성경배경주석』, 1856.
192) Fred B. Craddock, 『빌립보서』, 『현대성서주석』, 김도일 역 (서울: 한국장로교출판사, 2004), 118-9.
193) Ralph P. Martin, 『빌립보서 골로새서 빌레몬서』, 『TYNDALE 신약주석』, 김효성 역 (서울: 예수교문서선교회, 1980), 157.

유대인들은 모세의 율법을 소중히 여겼고, 율법이 요구하는 일 즉 ἔργα에르가를 엄격하게 지키는 것을 자랑스럽게 여겼다. 그야말로 율법을 생명과 같이 중요하게 생각하고 이방인들에게도 전파했다.[194] 그래서 자신들을 '선한 일꾼들', '고귀한 준수자들'이라고 생각했다. 문제는 이들의 행위가 악하거나 도덕적으로 심각한 결함이 있었던 것은 아니다. 이들은 율법의 행위를 강조함으로써, 자기 의존에 빠지게 되어 스스로 하나님의 필요성을 약화시키는 결과를 초래했다. 이들은 복음 전도자들과 같이 열정으로 자신이 확신하는 것을 전파했지만 그 결과로 교회 성도들이 갈등하고 분열하게 되었다. 바울은 어떤 사람도 율법의 행위로 의로워질 수 없다고 생각했다. 오직 하나님의 은혜와 예수 그리스도에 대한 믿음으로 의로워질 수 있다고 전파했다. 그래서 바울은 자신이 전하는 복음 메시지에 도전과 위협을 주는 손할례당을 행악하는 자들이라고 비난했다.[195]

4) 일반서신에 나타난 이단

(1) 야고보서 5장 19절-20절

야고보는 유대인 형제들에게 마지막 당부를 했다. 당부의 내용은 미혹되어 진리를 떠난 자를 어떻게 대해야 할 것인가에 대한 것이다. 진리를 떠난 자들은 '영적으로 병든 자들'이다. 헬라어 πλαναν플라난은 자기가 걸어가야 할 길을 잃고 아무런 푯대와 목표 없이 방황하는 사람을 뜻한다. 영어의

---

194) G. J. Wenham, et al., 『IVP 성경주석』, 1724.
195) Gerald F. Hawthorne, 『빌립보서』, 『WBC 성경주석』, 채천석 역 (서울: 도서출판 솔로몬, 2005), 256-7.

planet은 πλαναν플라난으로부터 유래되었다.[196] 다른 고정된 별들과 달리 '유리하는 별들'을 의미한다.[197] 그래서 진리를 떠난 자들은 방황하는 사람들이다. '진리를 떠나'라는 말은 실수로 한 번 죄에 빠진 것이 아니라, 믿음에서 철저히 떠난 것을 나타낼 때 사용했던 표현이다.[198]

방황하는 사람이란 진리에서 우연히 또는 무의식적으로 분리된 사람들이 아니다. 오히려 이들은 스스로 우상숭배와 윤리적 이원론 사상에 물든 종교에 가담하여 배교를 선택한 사람들이다. 야고보는 이런 사람들을 교회가 돌아오도록 관심을 가져야 한다고 말했다. 그 당시 일부 유대인들은 배교를 용서받지 못할 죄로 간주했다. 그러나 야고보는 배교한 죄인이라도 회개하고 돌아오는 것을 환영했다.[199] 그리고 미혹되어 배교했던 자들이 정통교리로 돌아올 뿐 아니라 정통행위로 돌아서야 할 것을 강조했다.[200] 이렇게 잘못을 행한 동료 그리스도인들을 교회로 돌아오게 하는 것은 초대교회의 주된 관심사 중의 하나였다.[201]

(2) 요한일서 4장 1절-3절

사도 요한이 목회했던 교회는 성령의 은사에 대한 무절제, 무비판적인

---

196) Ralph P. Martin, 『야고보서』, 『WBC 성경주석』, 홍찬혁 역 (서울: 도서출판 솔로몬, 2001), 470.

197) A. Duane Litfin, et al., 『디도서, 빌레몬서, 히브리서, 야고보서』, 『BKC 강해주석』, 김운성 역 (서울: 도서출판 두란노, 2000), 218.

198) G. J. Wenham, et al., 『IVP 성경주석』, 1873.

199) John H. Walton, et al., 『IVP 성경배경주석』, 2019.

200) Ralph P. Martin, 『야고보서』, 『WBC 성경주석』, 474.

201) Pheme Perkins, 『베드로전 후서, 야고보서, 유다서』, 『현대성서주석』, 박종기 역 (서울: 한국장로교출판사, 2004), 210.

태도를 가지고 있었다. 이런 카리스마적 신앙은 열광주의 신앙으로 발전하게 되었다. 심각한 문제를 가지고 있던 교회 상황에 대해 사도 요한은 지속적인 분별이 교회 안에 필요하다는 것을 주지시켰다. 왜냐하면 열광주의가 진리를 보증하지 못하기 때문이다. 많은 거짓선지자들은 사도 요한 교회에서 신앙생활을 함께했다가 분리해 나간 집단을 의미한다. 이들의 변절에 대해 사도 요한 교회 성도들은 강력하게 비판했다.[202]

사도 요한은 성도들에게 영 분별을 말했다. "분별하다"라는 헬라어 δοκιμάζειν도키마제인으로 "시험하다", "테스트하다"라는 뜻을 가지고 있다. 사도 바울은 고린도전서 12장 10절에 영 분별을 성령의 은사로 보았다. 그러나 사도 요한은 영 분별을 모든 그리스도인이라면 가능한 것으로 말했다. 영 분별이 필요한 이유는 많은 거짓 선지자 즉 이단사상을 가지고 활동하는 전도인들 때문이다. 영들은 분별하는 시험을 거친 후, 받아들일 것인지 결정해야 한다. 그 이유는 하나님의 영과 거짓의 영들은 구별되기 때문이다. 이 당시 영들을 분별하는 기준은 예수 그리스도의 성육신 사건에 대해 어떤 태도를 가지고 있느냐에 따라 결정되었다. 올바른 신앙인이라면 예수 그리스도께서 육체로 오신 것을 인정해야 한다. 그러나 하나님께 속하지 않은 영들 즉 거짓 선지자들은 예수님의 성육신 사건을 부정했다. "인정하다"로 번역된 헬라어는 ὁμολογει호모로게이로써 "고백하다"라는 뜻이다.[203] 진리에 속한 신앙 고백은 반드시 예수 그리스도께서 육체로 이 세상

---

202) Stephen S. Smalley, 『요한1, 2, 3서』, 『WBC 성경주석 』, 조호진 역 (서울: 도서출판 솔로몬, 2005), 378-81.

203) Roger M. Raymer, et al., 『베드로전 후서 요한일 이 삼서 유다서』, 『BKC 강해주석』, 양용의 역 (서울: 도서출판 두란노, 2000), 187.

에 오신 것을 인정하는 것이다.

적그리스도에게 속한 거짓 선지자들은 예수 그리스도께서 육신을 입고 이 세상에 왔다는 것을 인정하지 않았다. 또 이들은 Docetism 이단으로 추정된다. 그 이유는 Docetism은 거룩한 Aeon인 그리스도가 침례를 받는 인간 예수에게 임했고, 십자가 죽음 직전에 사람 예수로부터 분리되었다고 주장했기 때문이다. 이런 이단적 사상이 사도 요한이 목회하는 교회 안팎에 있었고, 이단적인 신앙은 교회 성도의 신앙을 혼란케 하며 거짓 가르침에 미혹당하는 결과를 초래했다.[204]

(3) 요한이서 10절-11절

사도 요한은 교회 성도들에게 잘못된 교리를 전파하는 선도인들과 어떠한 관계도 맺지 말라고 경고했다. 이단들을 접대하지 않고 인사도 하지 않는 것을 통해 관계에 의한 신앙의 오염을 피하도록 강조했다. 신약의 그리스도인들은 교회를 개척하기 위해 도시들을 여행하면서 복음을 전했다. 이들은 순회 설교자가 되어 도시에서 전도를 했고, 자신들에게 호의를 베푸는 집에서 머무르면서 접대를 받았다. 요한이서에서 인사도 하지 말라고 하는 것은 이단 사상을 가진 전도인들을 접대하지 말고, 어떤 형태의 교제나 관계를 형성하지 않도록 주지시켰다.[205]

그리스도의 교훈을 가지지 않고 성도들에게 다가오는 자들은 잘못된 교

---

204) Stephen S. Smalley, 『요한1, 2, 3서』, 『WBC 성경주석』, 389.
205) D. Moody Smith , 『요한 1, 2, 3서』, 『현대성서주석』, 유승원 역 (서울: 한국장로교 출판사, 2004), 206.

리를 전파하는 자들이다. 이들은 가르침을 전파하기 위해서 공식적이고 공개적으로 그리스도인의 가정을 방문해야 한다고 주장했다. 이런 주장을 했던 자들은 이단들이며, 근본적으로 잘못된 가르침을 마치 정통 교리인 것처럼 가지고[페로: φέρω] 그리스도인의 가정에 접근했다. 그래서 요한은 이들과 접촉하는 것을 금지했다. 사도 요한은 이런 자들을 집으로 받아들인다는 것은 그들의 잘못된 교훈을 수용하고 인정하는 것으로 간주했다.[206] 사해 사본에는 공동체에서 탈퇴한 배교자들을 돕는 행위를 배교의 동조자로 여겼고 그 역시도 공동체에서 축출당했다고 기록되어 있다.[207] 또 바른 교훈을 가지지 않고 찾아온 거짓 교사들에게 인사도 하지 말라고 경고했다. 인사는 "안녕하세요"라는 헬라어 χαίρειν[카이레인]을 번역한 것으로, "즐거워하다", "기뻐하다"의 뜻을 가진 헬라어 χαίρω[카이로]에서 유래되었다.[208] 이 당시 인사는 만남의 시작과 끝에 이루어졌을 것이다. 그 이유는 이단들과 인사를 한다는 것은 그들의 잘못된 가르침에 미혹이 되어 능동적으로 참여한다는 것을 의미했기 때문이다.[209]

5) 묵시서에 나타난 이단

(1) 요한계시록 2장 2절, 6절

사도 요한은 밧모 섬에서 에베소 교회 성도들에게 편지를 썼다. 에베소

---

206) G. J. Wenham, et al., 『IVP 성경주석』, 1936.
207) John H. Walton, et al., 『IVP 성경배경주석』, 2068.
208) Roger M. Raymer, et al., 『베드로전 후서 요한일 이 삼서 유다서』, 『BKC 강해주석』, 220.
209) Stephen S. Smalley, 『요한1, 2, 3서』, 『WBC 성경주석』, 562.

는 소아시아에서 가장 큰 도시 중의 하나로 '신전지기'Temple Warden라 불리는 것을 명예롭게 생각했다.[210] 에베소 교회에 자칭 사도라고 주장하는 사람들이 왔지만, 그들을 시험해보고 이단인 것을 확인했다. 거짓 사도들은 유랑 설교자, 순회 전도 단원들이었을 가능성이 높다. 이들은 교회에게 알려지지 않은 인물들이었으며 교회는 이들이 진정한 사도인지 시험해야 했다. 자칭 사도들은 자신에게 사도의 권위가 있다고 주장하면서 교회를 어지럽혀 참 사도들에게 부담을 주었다. 그래서 각 지역 교회들은 그들에게 추천서를 요구하기도 했다. 요한은 거짓 사도들을 악한 자라고 말했다. 사도 요한은 일곱 교회 중 처음 네 교회에게 거짓 사도, 거짓 교사를 주의하라고 말했다.계 2:2, 6, 9, 14-15, 20[211] 바울 서신에 등장하는 거짓 사도들은 유대주의적 그리스도인이지만 요한계시록에서 거짓 사도들은 니골라 당을 지칭한다.

니골라는 예루살렘 교회 일곱 집사 중 한 명으로서 배교한 니골라를 따르는 이단을 지칭했다. 초대 교부 Irenaeus와 Hipollitus는 니골라가 배교했다고 증언했다.[212] 니골라 당의 주요 주장은 율법의 시기가 지나갔기 때문에 더 이상 율법을 지킬 필요가 없다고 말했다. 또 육은 악한 것이기 때문에 육으로 행하는 모든 행위는 구원과 상관이 없다고 말했다. 결국 니골라 당은 퇴폐적인 무율법주의, 도덕폐기론자들이 되었다. 이런 니골라 당의 사상

---

210) G. J. Wenham, et al., 『IVP 성경주석』, 1957.

211) John F. Walvoord, 『요한계시록』, 『BKC 강해주석』, 장동민 역 (서울: 도서출판 두란노, 2000), 28.

212) David E. Aune, 『요한계시록』, 『WBC 성경주석』, 김철 역 (서울: 도서출판 솔로몬, 2003), 546.

은 당시에 만연했던 영지주의의 영향을 받아서 영적인 것은 선하지만, 물질은 악하고 무가치한 것으로 보았던 이원론 사상이었다. 니골라 당은 에베소 교회 안에 우상숭배, 황제숭배 그리고 이교도적인 행위를 교묘하게 기독교 진리와 혼합시킨 무리로 볼 수 있다.

후기 교부들은 니골라 당을 기독교 영지주의 이단으로 보았다. 이런 니골라 당의 행위를 하나님은 미워한다고 말했다. 미워하다는 헬라어 동사 μισεις미세이스는 개인적인 복수심 때문이 아니라 죄를 미워한다는 뜻이다.[213] 사해 사본에서는 원수 갚는 것이 하나님께 속했다고 가르쳤다.[214] 사도 요한은 '니골라당'계 2:6, 15, '발람'계 2:14의 교훈을 지키는 자들, 자칭 선지자라 하는 여자 '이세벨'계 2:20을 동일한 무리를 묘사한 것으로 보았다. 이들은 모두 같은 단체였거나 동일한 운동을 했던 집단으로 추정된다.[215] 사도 요한은 에베소 교회에 접근했던 니골라당으로 불리는 거짓 사도들을 특별히 주의하라고 편지를 쓴 것이다.

(2) 요한계시록 2장 20절

두아디라 교회는 사도 바울의 선교를 통해 개종한 루디아로부터 시작되었다.행 16:14-15[216] 두아디라 교회 성도들을 미혹하는 자칭 선지자라고 말했던 여자가 있었다. 예수님은 자칭 선지자라고 하는 여자를 이세벨이라고

---

213) Ibid., 544.

214) John H. Walton, et al.,『IVP 성경배경주석』, 2088.

215) M. Eugene Boring ,『요한계시록』,『현대성서주석』, 소기천 역 (서울: 한국장로교 출판사, 2014), 150.

216) John F. Walvoord,『요한계시록』,『BKC 강해주석』, 37.

말했다. 이세벨은 아합 왕의 부인으로서 북이스라엘 왕비였다. 그녀는 시돈 왕 엣바알의 딸이었는데, 시돈은 아세라 여신을 섬기는 본거지였다. 그리고 시돈에는 아세라 여신을 숭배하는 신전이 있었다. 구약성경에 의하면 이세벨은 북이스라엘 백성을 우상 숭배로 미혹했던 악녀로 간주되었다.

그런데 사도 요한은 이세벨을 자칭 여선지자라고 말했다. 이세벨은 분명 선지자가 아니다. 이것은 북이스라엘 아합 왕 시대에 하나님의 백성을 미혹하여 야웨 신앙을 떠나게 했던 이세벨의 행위와 동일한 일이 두아디라 교회 안에서 일어나고 있다는 것을 의미한다.[217] 그 행위는 크게 두 가지였는데 하나는 성적 부도덕포르뉴에인: πορνευειν이고, 다른 하나는 우상에게 바쳐진 제물을 먹도록 조장한 것이다.[218] 두아디라 교회 안에서 교회 성도들에게 강력한 영향력을 끼쳤던 이 여인은 자신이 하나님의 계시를 받은 선지자라고 말을 했지만 실재로 성도들을 이교도의 음행과 우상숭배에 빠지게 했다. 이 당시 방종한 행실을 조장했던 영지주의자들은 자신들을 도덕을 초월한 존재라고 주장했다.[219]

자칭 선지자 이세벨은 사도들의 가르침만 따르는 두아디라 교회를 비난하면서, 당시에 유행하던 영지주의와 신비주의 종교를 혼합시켜 비밀스럽고 영적인 지식을 추구하게 했으며, 우상의 깊은 곳과 길드 행사에 참가하도록 유혹했다. 이렇듯 요한계시록에 등장하는 두아디라 교회를 비롯한 소아시아 교회들을 자칭 사도, 니골라 당, 자칭 유대인, 사탄의 회당, 바람의

---

217) John H. Walton, et al., 『IVP 성경배경주석』, 2092.
218) David E. Aune, 『요한계시록』, 『WBC 성경주석』, 637.
219) G. J. Wenham, et al., 『IVP 성경주석』, 1960.

교훈을 지키는 자들, 자칭 선지자, 여자 이세벨이라고 불렀다. 이러한 단어들은 당시 소아시아에서 활동했던 이단들이 무엇이며, 어떤 성격을 가지고 있는지 보여주는 것이다.

(3) 소결론

지금까지 구약과 신약 성경사례를 통해 거짓 선지자와 이단에 대해서 살펴보았다. 구약성경은 거짓 선지자에 대해서 강력하게 경고하였다. 구약성경에서 말하는 거짓 선지자는 두 종류였다. 신명기 18장 20절을 보면 여호와의 이름으로 거짓 예언하는 거짓 선지자가 있고, 다른 하나는 다른 신들의 이름으로 예언하는 사람이다. 이들의 공통점은 온전한 야웨 신앙을 버리고, 혼합주의 신앙으로 전락시킨다는 것이다. 엘리야는 갈멜산으로 이스라엘 백성들과 이방 예언자 바알과 아세라 제사장들을 불러 모았다. 그 때 백성들을 향해 두 사이에서 언제까지 머뭇거리겠느냐고 강력하게 경고했다. 당시 이스라엘 백성들은 야웨 신앙과 더불어 가나안 종교도 믿었다. 구약성경에 나타난 거짓 선지자들은 하나님을 배반하게 하며, 가나안 우상숭배를 야웨 신앙에 혼합시키는 행태로 나타났다.

신약성경은 거짓 선지자 즉 이단에 대해 구약성경보다 구체적으로 다루고 있다. 마태복음 7장에 예수님께서 거짓 선지자들을 주의하라고 직접 말씀하셨다. 그들이 하는 일은 노략질하는 이리들과 같이 아무런 수고 없이 하나님의 교회를 흔들어 깨뜨리는 일을 한다. 특히 사도행전에 마술사 시몬은 기독교 영지주의 원조라고 불린다. 그는 기독교 신앙에 고대 근동에 유행한 마술을 접목시켜 사람들을 미혹하였다. 그가 전했던 신앙은 혼합주의가 분명했다. 요한계시록 3장에서도 예수님께서 라오디게아 교회 성도들을 향해 차든지 더웁든지 하라고 말씀하셨다. 이것 역시 혼합주의를 지적하신 것이다.

구약성경과 신약성경에 나타난 거짓 선지자들은 혼합주의 형태의 신앙을 가지고 있었다. 구약성경에 나타난 거짓 선지자들은 야웨신앙에 가나안 토속종교를 비롯해서 바알과 아세라, 페르시아와 바벨론의 사상을 결합하였다. 반면 신약성경에 나타난 이단들은 유대교의 율법과 헬라철학의 영지주의에 영향을 받고, 기독교 혼합주의 모습이 되었다. 이런 혼합주의 신앙은 하나님의 백성과 교회를 혼란하게 했기 때문에 선지자와 사도들은 이런 신앙을 가진 자들을 경계하도록 주의를 당부했다.

〈표1〉성경에 나타난 거짓 선지자와 이단의 특징

성경	장르	성경본문	거짓선지자와 이단의 특징
구약 성경	모세 오경	출 7:11, 22	이적을 통해 백성의 마음을 돌이키지 못하게 함
		레 19:26, 31	가나안 종교 점술과 강신술 금지
		민 22:7	가나안 종교 점성술과 복채 금지
		신 13:1-5	말씀을 빙자한 거짓 선지자의 출현 예고
		신 8:20-22	거짓 선지자의 출현과 치리 방법에 관한 교훈
	역사서	삿 17:1-6	신상을 만들어 여호와를 예배하는 종교 혼합주의
		삼상 28:7	율법에서 금한 강신술사를 찾아간 사울왕 이야기
		왕상 18:21	바알과 야웨를 함께 예배한 백성들을 향한 경고
		대하 33:6	바알, 아세라, 일월성신을 경배한 므낫세왕
	선지서	사 57:3-5	거짓 예언자가 상수리나무 아래에서 예언함
		렘 4:14-16	왜곡된 역사관에 사로잡힌 거짓 선지자
		겔 13:1-3	혼합주의와 신비주의에 물든 잘못된 신앙을 비판
신약 성경	복음서	마 7:15-23	거짓 선지자들의 출현과 대응법에 관한 교훈
		막 13:5-6	종말의 징조로써 거짓 선지자들의 출현
	사도 행전	행 8:9-24	성령을 돈으로 사려고 했던 마술사 시몬 이야기
		행 15:5	기독교 신앙을 왜곡시키는 율법주의에 대한 경고
		행 0:29-30	거짓 선지자, 사도의 등장을 예언한 사도 바울
	바울 서신	롬 6:17-18	거짓 교사의 출현과 특징을 알려준 사도 바울
		갈 2:4	거짓 형제들의 접근에 주의를 준 사도 바울
		빌 3:2	율법주의 이단에 대해 주의할 것을 경고한 바울
	일반 서신	약 5:19-20	이단에 빠진 사람이 회심할 수 있도록 돕는 노력
		요일 4:1-3	열광주의 신앙에 대한 영 분별의 필요성 강조
		요이 10-11	성도에게 접근하는 이단 포교자들에 대한 대응법
	묵시서	계 2:2, 6	자칭 사도의 방문을 분별한 에베소 교회의 대처
		계 2:20	자칭 선지자라고 하는 여자 이세벨에 대해 주의

III. 현대 기독교 복음전도 실천

현대기독교회와 복음주의 캠퍼스 선교단체는 효과적인 복음전도를 위해 소책자 전도훈련을 실시하고 있다. 대표적으로 대학생선교회CCC의 사영리와 네비게이토선교회의 브릿지 전도법이 유명하다. 소책자 전도를 통한 많은 사람들이 개인적으로 예수 그리스도를 구주로 영접하고 있다. 소책자 전도는 누구나, 언제든지 쉽게 복음을 전할 수 있다는 장점이 있다. 그래서 제Ⅲ부에서는 현대기독교 복음전도 실천과 적용을 다룬다. 특별히 소책자 전도법을 통한 특별히 소책자 전도법을 통한 복음전도를 할 수 있는 역량을 강화하고 능력을 구비시키기 위해 마련되었다. 특별히 이번에 사용할 복음전도 소책자는 "생명을 주는 사랑"이다. 생명을 주는 사랑 소책자는 지역교회와 캠퍼스, 해외선교현장에서 효과적으로 사용되고 있다.

또 성도들이 복음전도 중 만날 수 있는 현시대 주요 이단들과 포교활동 방법을 소개하고, 그들의 거짓된 주장에 대해 분별할 수 있도록 설명했다. 더 나아가 효과적으로 이단들의 주장에 반증해서 이단에 빠진 사람들에게도 복음제시를 할 수 있도록 종말론의 중요주제들을 소개했다.

제1장 • 구원자 예수 그리스도

성경본문 『요한복음 1:1~18』

강의목표

① 예수 그리스도께서 하나님이심과 인간이심을 알 수 있다.

② 예수 그리스도께서 진리이며 인류의 구세주이심을 알 수 있다.

③ 예수 그리스도를 영접함으로 하나님의 자녀로서의 확신을 가질 수 있다.

서론

사도 요한은 요한복음에서 예수 그리스도께서 하나님이심을 나타내고 있다. 1장은 그분의 근원과 하신 일과 본질이 무엇이며 세상과의 관계가 어떠한가를 설명하고 있다. 하나님이시면서 동시에 사람일 수 있는 존재가 있다면 그분은 바로 예수님이시다. 사도 요한은 예수님의 하나님 되심을 증거하기 위하여 그분이 행하신 일곱 가지 기적을 선별해 기록하고 있다.

① 가나의 혼인 잔치2:11, 질을 변화시키시는 분

② 왕의 신하의 아들을 고치심4:43-54, 말씀으로 모든 일을 하실 수 있으신 분

③ 38년 된 병자를 고치심5:1-16, 불치병을 초월하시는 분

④ 오천 명을 먹이심6:1-15, 양을 초월하시는 분

⑤ 물 위를 걸으심 6:16-21, 공간을 초월하시는 분

⑥ 소경을 고치심 9:1-12, 운명을 초월하시는 분

⑦ 죽은 나사로를 살리심 11:1-44, 죽음을 초월하시는 분

본론

I. 예수님은 하나님이시다.

1) 태초부터 계신 "말씀"이 "그"로 지칭되고 있으며, "그"가 하나님과 함께 계셨기에 "그"는 하나님이시다. 요 1:1-5, 17:5; 골 1:16

2) 예수님은 바로 하나님이시다. 요 1:1, 3

3) 예수님과 하나님은 한 분이시다. 요 10:30, 12:45, 14:9

II. 예수님은 완전한 인간이시다.

1) "참 빛"이신 예수님은 본래 하나님과 함께 하늘에 계셨다. 요 1:1, 9

2) 예수님이 인간으로 오시게 된 것은 하나님 자신과 그분의 사랑을 나타내시고 인간의 연약함과 죄악을 담당하시기 위함이었다. 요 1:14, 16, 18; 3:16; 히 4:14-15,

3) 예수님은 죄 없는 완전한 사람이셨기에 죄인을 대신해서 죽으실 수 있었고, 하나님이셨기 때문에 죽음에서 부활하셨다. 요 1:29, 34; 고전 15:3-8; 롬 1:34

III. 예수님은 참된 진리다.

1) 진리는 예수 그리스도로 말미암아 왔고 그분은 곧 진리다. 요 1:17, 14:6

2) 요한복음 14장 6절의 예수님의 주장이 진실이 아니라면, 당신은 그의 주장을 어떻게 생각하겠는가?

3) 세례 요한, 안드레, 빌립, 나다나엘 등은 예수 그리스도를 '세상 죄를 지고 가는 하나님의 양, 메시야, 모세와 선지자가 기록한 그이, 하나님의 아들' 이라고 증거하고 있다. 요 1:29-49

IV. 예수 그리스도께서 누구신지 안다면 그분을 영접해야 한다.

1) 유대인들은 예수 그리스도를 알지도 못했으며, 기다리던 메시야가 왔음에도 그를 영접하지 못했다. 그들은 하나님을 사랑하지 않고 자신의 영광만을 구했으며, 말씀이 그들 속에 없었기 때문이다. 요 5:38-47

2) 예수 그리스도를 영접하는 자는 하나님의 자녀가 되고 영생을 누리며, 영접하지 않는 자는 하나님의 진노가 머무르게 된다. 요 1:12, 3:36

3) 반드시 예수 그리스도를 영접해야 하는 이유는 무엇인가?

죄로 말미암아 영원히 죽을 수밖에 없는 인간은 스스로 구원할 능력이 없다. 죄의 삯은 사망이다. 그러므로 구원은 죄가 없지만 인간의 죄 값을 지불하신 예수 그리스도를 영접하는 자만 얻을 수 있다. 그것은 절대적인 것이며, 유일무이한 것이다. 요 1:13-14; 행 4:12; 롬 3:23, 6:23; 엡 2:8-9

4) 어떻게 예수 그리스도를 영접할 수 있는가? 요 1:12, 3:36; 롬 10:10

영접한다는 것은 마음으로 예수 그리스도께서 나의 구세주와 주님 되심을 믿고 입으로 시인하는 것이다. 다음과 같은 기도로 예수 그리스도를 영접할 수 있다. 기도는 하나님과 대화하는 것이다.

"하나님 아버지, 저의 죄를 대신하여 십자가에 죽으신 예수 그
리스도를 저의 구세주로 믿고 주님으로 영접합니다. 저의 죄를
용서해 주시고 영원한 생명 주심을 감사합니다. 제 안에 오셔서
제 삶을 인도하시며 당신의 뜻대로 살게 하여 주옵소서. 예수님
의 이름으로 기도합니다. 아멘"

V. 예수 그리스도를 영접한 사람은 다음과 같은 복을 누린다.

1) 하나님의 자녀로서 새로운 신분을 가지며 요 1:12; 고후 5:17 자녀가 된
것을 확신할 수 있다. 롬 8:14-16; 갈 3:26; 4:6

2) 하나님의 자녀로서 특권과 의무를 가진다. 요 1:6-8, 16

3) 하나님 아버지의 사랑에서 그 누구도 그 무엇도 떼어놓을 수 없다. 즉,
하나님의 자녀 된 신분이 취소되지 않는다. 요 10:28-29; 롬 8:38-39

4) 예수 그리스도를 영접하는 것은 하나님께 헌신함을 의미하기에 매순
간 헌신된 삶을 살아야 한다.

결론

예수 그리스도를 알고 그분을 믿는 자들은 복이 있다. 구원은 인간의 노
력으로 주어지는 것이 아니라 하나님의 은혜로 주어지는 특권이요, 선물이
다. 하나님이시면서 사람이셨던 예수 그리스도께서 우리 안에 계시고 우리
의 신분이 하나님의 자녀라는 사실을 확신하는 것은 우리 삶의 중요한 출발
점이다.

제2장 • 〈생명을 주는 사랑〉 소책자 전도 1

1. 전도 책자 개요

생명을 주는 사랑

1) 사랑

사랑 생명 하나님께서는 사랑이시다. 하나님께서는 사람에게 생명을 주시기까지 사랑하셨다. 사람은 하나님과 교제를 나눌 수 있는 가장 소중한 존재이다.

2) 슬픔

사람들은 하나님을 떠났다. 그리하여 하나님의 사랑을 알지 못하고 영원한 생명과 자기 가치도 잃어버렸다.

3) 소망

예수 그리스도는 하나님을 떠난 사람이 하나님께 나아가는 유일한 길이 되신다. 그러므로 우리가 영원한 생명을 회복하게 되고 소망도 갖게 되었다.

4) 갈림길

이러한 사실을 아는 것만으로 문제가 해결되지 않는다. 당신이 예수 그리스도를 영접해야만 영원한 생명을 향한 길을 걷게 된다. 또한 하나님과의 교제를 회복하게 되고 하나님의 사랑을 체험하게 된다.

2. 전도 책자 사용의 장점

1) 간단명료하다.

2) 누구든지 쉽게 배워 전수할 수 있다.

3) 짧은 시간에 복음의 핵심을 소개하고 영접의 기회를 제공한다.

4) 지역 교회의 출석을 권유한다.

3. 전도를 위한 제언 1

1) 인사 ~ 신분을 밝힌다.

2) 일상적인 대화를 간단히 나눈다.

3) "소책자 '생명을 주는 사랑' 을 들어보셨습니까?" 또는 "이 작은 책자를 소개하고 당신의 개인적인 의견을 듣고 싶습니다. 괜찮겠습니까?" 라고 질문한다.

4) 복음의 핵심이 흐려지지 않도록 가능한 그대로 읽어준다.

5) 자연스런 시선을 통해 공감대를 형성한다.

6) 소책자를 읽어가는 동안 접어서 사용하고 펜으로 읽는 부분을 가리킨다.

7) 가끔씩 짝으로 하여금 읽게 하고 감사를 표현한 다. 대화식 전도

8) 상대방이 주의를 집중하도록 가끔 "이해됩니까?" 라고 물어본다.

9) 전도하는 도중 상대방의 질문을 받았을 때 간단한 질문은 답을 한다. 그러나 내용에서 벗어난 질문을 했을 경우에는 "참 좋은 질문입니다. 이 책자를 다 읽은 후에 그 질문에 대해 이야기해 봅시다." 라고 말한 후 끝까지 읽어나간다. 또는 "이 책자를 읽어가는 동안에 해답을 얻을 수 있을지도 모릅니다." 라고 말한다.

10) 영접 기도문과 잇는 말을 읽어 준 후에 "이렇게 기도하겠습니까?" 라고 묻는다. 이때 "예" 하면 한마디씩 따라 기도하게 한다. 상대방이 스스로 기도하기를 원하는지, 마음속으로 따라 하기를 원하는지 민감하게 살펴야 한다.

11) 상대방이 그리스도인이라고 말한다면 진실한 마음으로 예수 그리스도를 영접하였는지 물어보고 만약 확신이 없다면 다시 한 번 기도하게 한다.

『시범 및 관찰』

- 처음부터 끝까지 읽어줄 때
- 중간에 질문을 받을 때
- 영접 기도를 인도할 때
  '둘씩 짝지어 연습'

4. 실천사항

전도 책자 『생명을 주는 사랑』 을 다른 사람에게 읽어주라.

제3장 • 화목하게 하는 직책

성경본문 『고린도후서 5:1~6:10』

강의목표
① 그리스도인의 기본적인 자세를 알 수 있다.
② 새로운 신분과 화목하게 하는 직책의 관계를 설명할 수 있다.
③ 화목하게 하는 직책을 수행하는 데 있어서 어려움을 극복할 수 있다.

서론

바울은 자신에 대한 고린도 교회의 오해와 불신을 변호하고 하나님 앞에서 그의 거짓 없는 사랑과 열정으로 고린도 교회의 성도들을 위로하며 자신과 동일한 수준의 헌신을 요구하고 있다. 고린도후서 5장과 6장은 그리스도 안에서 화목하게 하는 직책을 가진 새로운 피조물의 삶에 대해 설명하고 있다.

본론
Ⅰ. 그리스도인의 기본적 자세

1) 예수 그리스도를 믿어 하나님의 자녀가 된 자들은 이미 하나님께 헌신

되어 있다. 그러므로 지속적인 헌신의 삶이 필요하다. 고후 4:10-11

2) 그리스도인이 가지는 새로운 삶의 목적은 주님을 기쁘시게 하는 것이다. 하나님께서는 하늘에 있는 영원한 집과 영생에 대한 보증으로 성령을 주셨으므로 우리는 믿음으로 삶을 살아야 한다. 고후 5:5, 7, 9

3) 헌신 된 자는 하나님의 심판대 앞에 서게 된다는 확신 때문에 진지하다. 고후 5:10

4) 진실 된 헌신에도 불구하고 오해는 있을 수 있다. 우리의 헌신을 이해해 주지 못하는 사람들이 있다 할지라도 우리는 당당할 수 있다. 고후 5:11-15

Ⅱ. 화목하게 하는 직책

1) 그리스도 안에 있는 자는 새로운 피조물이다. 이는 우리의 영혼이 죄에 대하여는 죽고 의에 대하여는 살아가는 존재로 삶의 목적이 바뀐 새로운 신분을 말한다. 고후 5:16-17

2) 새로운 신분은 하나님과 세상을 화목하게 하는 직책을 부여한다. 즉 그리스도의 대사로 화목하게 하는 말씀을 부탁 받아 세상에 전하는 것이다. 고후 5:18, 20

3) "화목하게 하는 말씀" 은 어떤 것인가? 화목하게 하는 말씀은 하나님께서 세상을 사랑하사 예수 그리스도로 말미암아 세상과 화목하시고 인간의 죄를 묻지 않으시는 복된 소식이다. 고후 5:19

Ⅲ. 화목하게 하는 직책의 어려움과 극복

1) 화목하게 하는 직책을 수행할 때 "하나님과 함께" 일하고 있다는 것을

명심하는 것은 중요하다. 우리는 이 직책이 훼방 받지 않도록 하나님의 일꾼으로 자천하여 모든 어려움을 극복해야 한다. 또한 무엇에든지 아무에게도 거리끼지 않는 삶을 살아야 한다. 고후 6:1-10

2) 혹독한 환경에 처했던 바울은 하나님만 의뢰함으로 승리하였다. 요 16:33; 롬 8:37; 고후 1:9, 5:15

3) 바울은 화목하게 하는 직책을 잘 수행하였다. 우리는 조그마한 어려움이나 부끄러움 때문에 이 직책을 미루거나 포기하고 있지 않는가?

결론

바울은 세상적인 판단 기준으로 볼 때 실패한 사람이다. 그러나 새로운 피조물로서 그는 하나님 앞에서 가장 훌륭한 사람으로 살았다. 온갖 사랑을 쏟아부었던 고린도 교회가 그를 음해하려고 시도했지만, 하나님 앞에 서게 될 날을 기대하면서 거짓 없는 사랑으로 그것을 이겨냈다. 우리가 하나님 앞에 서게 될 것을 확신한다면 바울처럼 우리도 화목하게 하는 말씀을 부탁 받은 자로서 화목하게 하는 직책을 성실히 수행해야 한다. 이 직책을 수행할 가까운 이웃을 찾아가라. 하나님께서 함께하심을 명심하고 어떤 고난이라도 각오하라. 주님은 우리를 대신하여 십자가에 달려 죽으셨다. 우리를 향한 주님의 사랑은 너무나 커서 우리의 생명을 내놓아도 다 갚을 수가 없는 사랑이다.

제4장 • 〈생명을 주는 사랑〉 소책자 전도 2

1. 전도 간증을 나누라.

2. '토의 1'을 복습하라.

'둘씩 짝지어 연습'

3. 전도를 위한 제언 2

1) 영접 기도를 원하지 않을 때는 "영접하지 못할 특별한 이유라도 있습니까?" 라고 물어본다. 정중하게 들어준 후 "만약 그 문제가 해결된다면 예수 그리스도를 영접하겠습니까?" 라고 물어본다.

2) 계속해서 거부할 때에는 영접 후에 일어나는 결과들을 미래형으로 읽어 준 후에 "만일 당신이 예수 그리스도를 영접하면 이런 일이 일어납니다. 예수 그리스도를 영접하겠습니까?" 라고 다시 한 번 물어본다.

3) 끝까지 영접을 거부할지라도 시간 내 준 것에 대해 감사하고 좋은 유대 관계를 갖도록 노력한다.

4) 그를 위해 계속 기도하며 예수 그리스도의 사랑을 실천한다.

5) 전도 접촉 시 상대방이 바쁘거나, 영접하지 않았지만 예수 그리스도나

성경에 대하여 더 알기 원할 때에는 다시 만날 약속을 한다.

6) 전도는 성령님의 사역이므로 그 결과는 하나님께 맡긴다. 주도권과 영적 권위를 갖고 하되 강요해서는 안 된다. 영접하지 않아도 실망하지 않는다.

『시범 및 관찰』

• 영접 기도를 원치 않을 때 1, 2

• 전도 접촉 시 상대방이 바쁘다고 할 때

• 영접하지 않았거나 예수 그리스도나 성경을 알기 원할 때

'둘씩 짝지어 연습'

4. 실천사항

1) 계속해서 전도 책자를 다른 사람에게 읽어주라.

2) Robert E. Coleman의 『주님의 전도 계획』과 W. Oscar Thompson의 『관계 중심 전도』를 읽으라.

제5장 • 전도와 성령

성경본문 『요한복음 16:1~33』

강의 목표

① 제자들이 권능을 받고 증인이 되는 것은 성령님의 역사임을 알 수 있다.

② 성령님이 오셔서 하시는 일을 알 수 있다.

③ 전도자의 자세를 배우고 승리한 싸움에 초대받은 사실을 알 수 있다.

서론

사도행전 1장 8절에서 예수님은 승천하시면서 "오직 성령이 너희에게 임하시면 너희가 권능을 받고 예루살렘과 온 유대와 사마리아와 땅끝까지 이르러 내 증인이 되리라" 고 말씀하셨다. 효과적인 증인의 삶은 오직 성령의 권능으로 살 때 가능하다. 요한복음 14장에서 16장은 예수님의 마지막 설교로 성령님의 하시는 사역을 잘 소개하고 있다. 우리가 성령님의 사역을 확실히 이해한다면 전도하는 것이 두려움이 아니라 이미 승리한 싸움에의 초대인 것을 알 수 있게 된다.

본론

I. 증인들에게 있는 핍박

1) 예수님은 증인에게 당연히 핍박이 있다고 말씀하셨다. 우리는 세상이 예수님을 미워하였고 핍박한 것을 항상 기억해야 한다. 요 15:18, 20

2) 증인은 세상에서 예수님의 택함을 받았고 세상은 예수님과 하나님을 모르기 때문에 이유 없이 미움과 핍박을 받는다. 요 15:19, 21, 25; 16:3

3) 예수님은 증인으로 하여금 실족하지 않도록 핍박이 있을 것을 미리 말씀하셨다. . 요 16:1

II. 성령님이 오셔서 하시는 일

1) 예수 그리스도의 영광을 나타내신다. 요 16:14

2) 예수 그리스도를 증거하시고 우리로 하여금 권능을 받아 증인이 되게 하신다. 요 15:26; 행 1:8

3) 죄와 의와 심판에 대하여 세상을 책망하신다. 요 16:8

4) 우리를 모든 진리 가운데로 인도하시고, 장래 일을 알려 주시며 모든 것을 가르치시고 생각나게 하신다. 요 14:26; 16:13

5) 우리가 하나님의 자녀인 것을 증거하시며 말할 수 없는 탄식으로 우리를 대신하여 간구해 주신다. 롬 8:16, 26-27

III. 전도자의 자세

1) 전도한 사람들이 믿지 않는데 대한 책임이 자신에게 있다고 생각하여 낙망할 필요가 없다. 요 15:26; 16:8

2) 전도하는 일에 있어서 두려움이나 근심에 사로잡힐 필요가 없다. 요 14:27

3) 우리를 핍박하는 자들 앞에서 우리가 해야 할 말에 대해 걱정할 필요가 없다. 요 16:13

4) 전도하는 일을 통해 우리가 영광을 취해서는 안 된다. 요 16:14

5) 부족한 것이 있다고 핑계할 수 없다. 요 16:23-24; 롬 8:32

6) 우리가 하나님의 자녀임을 의심할 필요가 없다. 롬 8:16

7) 연약하고 주저앉아 있어서는 안 된다. 롬 8:26-27

8) 나의 '예루살렘' 지역에 아직 예수 그리스도를 믿지 않는 사람들이 많다고 해서 사마리아와 땅끝까지 갈 수 없다고 핑계할 수 없다. 행 1:8

IV. 승리한 싸움에의 초대

1) 예수님은 십자가를 앞에 두고 "내가 혼자 있는 것이 아니라 아버지께서 나와 함께 계시느니라" 요 16:32고 말씀하셨다. 막 14:32-42에서 예수님의 심정 변화를 살펴보라

2) 예수님은 이미 승리한 싸움에 우리를 초대하고 있다. 요 16:33; 롬 8:37; 요일 4:4; 5:4

결론

보혜사 성령님은 예수님이 자신의 사역을 제자들에게 위임하면서 약속하신 은혜의 선물이었다. 그러므로 모든 그리스도인은 성령의 능력으로만 그분이 부탁하신 증인의 삶을 살 수 있다. 모든 그리스도인은 이미 성령님

을 모시고 있다. 하나님께서는 성령의 능력을 주실 뿐만 아니라, 믿음으로 승리하는 그리스도인의 삶을 살게 하신다. 우리의 온갖 구하는 것이나 원하는 것을 항상 넉넉히 주시길 원하시는 주님을 경험하라. 이미 세상을 이기신 예수 그리스도의 승리를 누리기 원한다면 오직 성령님을 의지하라. 증인의 삶은 미움과 핍박을 받는 어려운 삶이다. 우리의 힘으로는 그 삶을 살 수 없다. 오직 성령의 능력과 도우심을 구하라.

제6장 • 믿지 못하는 이유들

1. 전도 간증을 나누라.

2. 토의 2를 복습하라.

'둘씩 짝지어 연습'

3. 전도를 위한 제언 3

전도 과정 중 피전도자가 믿지 못하는 이유나 질문들을 제기할 때 전도자는 전도를 두려워하거나 보류해서는 안 된다. 따라서 필요한 원리와 처리 방법을 익혀야 한다. 무엇보다 중요한 것은 성령님이 능력을 주셔서 인도하신다는 사실을 기억하는 것이다.

1) 믿지 못하는 이유나 질문들을 처리하는데 사용되는 2가지 원리

(1) 정직하고 친절한 질문을 사용하라. 예 "참 좋은혹은 중요한 질문입니다. 이 책자를 조금 더 읽어나가면 그 질문에 해답을 얻게 되리라 믿습니다." 또는 "참 좋은 질문입니다. 이 책자를 다 읽은 후에 그 질문혹은 주제에 대해 이야기하고 싶습니다."

(2) 바른 자세와 태도를 가지라. 어떤 이유나 질문들은 복음 그 자체보다

는 전도자의 태도나 정신 상태에 대한 반응으로부터 나온다.

2) 믿지 못하는 이유나 질문들을 처리하는 실제적인 지침

(1) 서로 협의하라. 논쟁을 피하라. 믿지 못하는 이유나 질문들을 처리하는 것은 논쟁에서 이기는 것과 다르다. 그것은 협의하는 것과 같다.

(2) 동등한 인격으로 대하라.

(3) 강요하지 말고 친절하라.

(4) 사랑의 동기를 가지라.

(5) 성경 구절을 사용하라.

4. 믿지 못하는 이유들에 대한 답변

1) 교인들 중에 위선자가 많다.

틀리지 않은 비난이다. 많은 그리스도인들이 하나님의 영광을 가리고 있다. 병원은 병자를 위한 곳이다. 건강한 사람은 병원에 갈 필요가 없다. 마찬가지로 교회는 죄인들을 위한 곳이다. 지역 교회 안에는 성숙한 자, 미성숙한 자, 그리고 불신자도 있다. 하나님께서는 이 모든 사람들이 주 안에서 서로 사랑하기를 원하신다. 특히 위선자라고 부르는 사람은 더 많은 기도와 도움이 필요하다. 영적으로 미성숙하고 연약한 자이기 때문이다.

2) 죄가 많아서 못 믿겠다.

구원받을 자격을 갖춘 사람은 아무도 없다. 모든 사람이 죄인이 다.롬

3:23 예수님은 의인을 부르러 온 것이 아니요, 죄인을 불러 회개시키러 오셨다.눅 5:32 하나님께서는 진심으로 죄인임을 자각하는 자를 기뻐하신다.

3) 다음에 믿겠다.

내일 일을 자랑하지 말라. 하루 동안에 모슨 일이 일어날지 알 수가 없다.잠 27:1 신앙의 최선의 기회는 주어진 현재의 기회이다.

4) 바빠서 못 믿겠다.

오늘날 사람들은 다 같이 바쁘게 살아가고 있다. 우리의 인생이 바쁠수록 우리는 영원한 운명에 대하여 생각해야 한다. 사람에게 한 번 죽는 것은 정해진 것이다.히 9:27 이 땅에서 수고한 것을 아무것도 가져갈 수 없다. 영원한 생명을 위해 이 땅에서 예수 그리스도를 믿어야 한다.

5) 선하게 살면 되지 않는가?

의인은 하나도 없으며 심히 부패한 것이 사람의 마음이다.렘 17:9; 롬 3:10 인간은 100% 선하게 살 수 없다. 인간의 선행은 선하시고 거룩하신 하나님을 만족시킬 수 없다. 그분 앞에 모든 사람은 죄인이다. 예수 그리스도를 믿음으로 죄사함 받고 구원 받을 수 있다. 선행은 믿음의 결과로 나타나는 것이다.

6) 어떤 종교든 진실하게 믿기만 하면 된다.

진실함은 참으로 훌륭한 것이다. 그러나 진실되게 사는 것으로 진리를 대치할 수는 없다. 독약을 약이라고 아무리 진실 되게 믿어도 그것을 먹게 되면 죽는다. 진실성 한 가지만 가지고 옳고 그릇된 것을 판가름할 수 없다.마 7:21-23

7) 종교는 다 같은 것이 아닌가?

종교는 크게 행위의 종교와 은혜의 종교로 구분된다. 행위의 종교는 자신의 선행으로 구원을 이루어가는 종교이다. 은혜의 종교는 선행과 상관없이 은혜로 용서받고 구원 얻는 종교를 말한다. 이 경우는 "선하게 살면 되지 않는가?" 라고 묻는 사람과 유사하게 대답할 수 있다. 어떻게 죄의 문제와 구원의 문제를 해결할 수 있는가? 선행으로 구원을 얻을 수 있다면 죽음을 맞이하는 순간까지 죄 용서함과 구원에 대한 확신이 없다. 이런 논리를 가진 종교를 끝까지 믿는다면 너무 비참하지 않은가?

8) 성경을 하나님의 말씀이라고 믿을 수 없다.

진리는 시험을 거쳐서 판명될 수 있다. 성경은 수세기 동안 지속되어 왔고 세월이나 말살의 위협을 초월하여 오늘날 1000개 이상의 언어로 인쇄되었다. 성경에 대해 시험해 본 사람들마다 변화되었고 진리임을 시인했다. 당신도 시도해보라. 또한 성경은 66권으로 40여명의 저자들이 3개의 다른 언어로 1500년에 걸쳐 기록했다. 그러나 한 주제 곧 예수 그리스도를 다루고 있으며 통일성이 있다.

『시범 및 관찰』

• 믿지 못하는 이유들을 다룰 때

'둘씩 짝지어 연습'

5. 실천사항

1) 계속해서 전도 책자를 다른 사람에게 읽어주라.

2) 믿지 못하는 이유들에 대한 답변의 핵심을 외우라.

3) 기독교 변증에 관한 책을 읽으라.

제7장 • 복음전도와 현대이단포교활동

현대기독교회 복음전도의 대표적인 걸림돌은 이단포교활동이다. 현대기독교 이단 단체들의 포교활동으로부터 성도들이 미혹되지 않도록 대처할 수 있는 역량을 갖추고 있는가?" 연구자는 본고를 통하여 한국에서 자생하여 해외에까지 활동 영역을 펼쳐가고 있는 대표적인 4개의 기독교 이단 단체를 소개할 것이다. 그들의 포교 활동과 동향, 핵심 교리를 간략하게 기술하고, 정통교회의 이단 대응전략에 대해 제시할 것이다.

I. 한국에서 자생하여 해외에까지 활동 영역을 펼쳐가고 있는 이단 단체

한국에서 활동하고 있는 이단들은 정통교회에서 들어보지 못한 생소한 단체명도 많이 있다. 현대종교 자료에 의하면 102개 단체가 이단으로 판정, 참여금지, 불건전단체, 예의주시 등 이단성과 관련 된 것으로 밝히고 있다.[220] 보통 이단 단체들은 교주를 하나님, 재림 예수, 보혜사로 신봉한다. 그러나 모든 이단들이 교주를 신봉하는 것은 아니다. 김주원은 기독교 이단 종류가 크게 두 가지로 나뉘고 있다고 주장했다.

기독교 이단의 종류는 크게 두 가지로 나뉜다. 하나는 교리형教

---

220) 현대종교 편집국, 『이단 및 말 많은 단체』 (서울: 월간현대종교, 2018), 11-20.

理型 이단이고, 다른 하나는 교주형敎主型 이단이다. 교리형 이단이란 말 그대로 성경 해석과 교리가 비성경적이라는 것이다. 예를 들어보겠다. 세칭 몰몬교는 예수 그리스도를 하나님과 마리아의 성적 관계로 태어났으며, 루시퍼가 예수님의 동생이라고 주장한다. 또 세칭 구원파는 한번 죄 사함을 받으면 더 이상 회개를 할 필요가 없다고 주장한다. 이와 같이 성경의 가르침과는 다른 해석을 하는 단체를 이단이라고 부른다. 조금 더 정확하게 말하면 교리형 이단인 것이다. 몰몬교와 구원파 외에도 안식교, 여호와의 증인, 신사도운동 등이 교리형 이단에 해당된다. 이런 종류의 이단은 특정인을 교주로 믿지는 않지만 성경을 자의적으로 해석하고, 정통교회를 비난한다. 이들은 교주형 이단처럼 자신들의 지도자를 '이긴 자'라고 부르지는 않는다. 그러나 교주형 이단은 특정 인물을 하나님, 예수 그리스도, 보혜사 성령과 같은 신적 존재로 신도들이 추앙한다.그리고 자신들의 지도자를 요한계시록의 '이긴 자'로 여긴다. 물론 이들의 성경 가르침은 교리형 이단과 같이 자의적이고, 비성경적인 해석을 하고 있다. 그 대표적인 예가 신천지, JMS, 하나님의 교회, 통일교, 천부교 등이다.[221]

교리형 이단은 교주는 아니지만 카리스마적 리더십을 발휘하는 지도자

---

221) 김주원, 『이단대처를 위한 요한계시록으로 정면돌파』 (수원: 기독교포털뉴스, 2019), 42-3.

가 단체를 이끌고 있다. 그런데 교리형 이단은 시간이 경과함에 따라 교주형 이단으로 발전할 수 있는 개연성을 가지고 있다.[222] 그 대표적인 단체가 신옥주가 이끌고 있는 은혜로교회, 영적군사훈련원이다. 우리는 한국에서 자생하여 해외에까지 활동 영역을 펼쳐가고 있는 대표적인 4개 기독교 이단 단체 구원파, 신천지, JMS, 하나님의 교회를 주목해야 한다. 구원파는 대표적인 교리형 이단이다. 반면에 신천지, JMS, 하나님의 교회는 교주형 이단이다.

1. 구원파(기독교복음침례회, 대한예수교침례회, 기쁜소식선교회)

세칭 구원파는 한국에서 자생한 대표적인 기독교 이단이다. 한국 주요 교단기성, 고신, 통합, 합동, 합신, 기감에서 이단으로 결의가 되었다.[223] 구원파는 권신찬, 유병언 계열의 '기독교복음침례회', 이요한 계열의 '대한예수교침례회 생명의말씀선교회', 박옥수 계열의 '기쁜소식선교회GOODNEWS MISSION'가 있다. 이 가운데 가장 왕성한 활동을 국내외적으로 펼치고 있는

---

222) 연구자는 2012년 9월 ACC 관서지방회 이단세미나를 인도했다. 연구자에게 상담을 요청한 사람이 있었는데, 은혜로교회 영적군사훈련원에 다닌다고 말했다. 그래서 신옥주를 처음 알게 되었고, 약 2년이 경과한 후, 한국에서도 은혜로교회, 영적군사훈련원이 정통교회를 위협하기 시작했다. 남태평양 피지에서 '타작마당'이라는 이름으로 폭력을 행사해서 물의를 일으킨 은혜로교회는 구속된 담임목사 신옥주를 "또 다른 보혜사"라고 주장하고 있다. "창세 이래 지금까지 그 어느 목사도, 그 어느 종교지도자도 알지 못했던 완전히 차원이 다른 하나님 나라의 비밀을 신옥주 목사님께서 밝히 드러낼 수 있었던 것은 예수 그리스도께서 아버지께 구하여 보내시겠다고 하신 '또 다른 보혜사' 즉 '진리의 성령의 그릇'으로 오신 분이 바로 은혜로교회 신옥주 목사님이시기 때문입니다." 위 사실에 근거해서 볼 때 은혜로교회는 교리형 이단을 넘어 교주형 이단이라는 것을 알 수 있다. 은혜로교회, 『그 피고가 와서 밝히느니라』(경기도: 은혜로교회, 2019), 10.

223) 현대종교 편집국, 『이단 및 말 많은 단체』, 11.

단체는 박옥수 계열의 '기쁜소식선교회GOODNEWS MISSION'이다. '기쁜
소식선교회GOODNEWS MISSION'는 국제청소년연합 IYF International Youth
Fellowship와 기독교지도자연합 CLFChristian Leaders Fellowship로도 활동하
고 있다. 국제청소년연합 IYF은 차세대를 포교대상으로 삼고 영어말하기
대회, 명사초청강연회, 해외현장체험, 글로벌 캠프, 세계문화체험박람회
등을 개최하고 있다. 반면 기독교지도자연합 CLF는 각국의 지도자급 인사
들을 대상으로 포교활동을 펼치고 있다.224)

구원파의 교리적 문제점은 다음과 같다. 구원파는 몇 년도 몇 일 구원받
은 날짜를 알아야만 구원을 받았다고 주장한다. 실재로 연구자는 길거리에
서 구원파 사람에게 이 질문을 받았다. 그러나 성경에서 말하는 구원은 인
간의 기억력에 근거한 것이 아니라 '오직 은혜', '오직 믿음'으로 얻는 것이
라는 것을 명시하고 있다. 또 반복적인 회개는 구원받지 못한 증거라고 주
장한다. ""주님 내 죄를 용서해 주십시오."하고 기도하는 분들이 있습니다.
참 잘하는 분입니다. 그러나 가만히 생각해 봅시다. 여러분, 예수님이 십자
가에 못 박혀 죽으셨을 때 여러분의 죄를 씻었습니까, 못 씻었습니까? 씻었

---

224) 연구자는 박옥수 계열 '기쁜소식선교회'를 가장 주목하고 있는 단체이다. 제19
차 인도차이나 한인선교사 캄보디아대회에 강사로 참가했다. 온누리교회 파송 김
종식 선교사는 캄보디아의 교회개척전략을 소개하면서 충격적인 사실을 소개했다.
2012년부터 2017년까지 608개의 교회가 소멸했는데, 매년 약 100개 교회가 대부
분 박옥수 계열 구원파 '기쁜소식선교회'로 넘어간 것이다. 이것은 선교사들이 교회
를 개척한 수와 동일하다는 보고를 대회기간 중에 발표했다. IYF는 캄보디아 청소년
부 MOU를 체결하였고 매년 대규모 문화행사를 개최하고 있다. IYF(International
Youth Fellowship)는 주대상이 청소년, 대학 캠퍼스를 공략하고, CLF(Christian
Leaders Fellowship)는 현지교회와 목회자를 주대상으로 삼고 포교활동을 하면서
공략한다고 추가적으로 대회 참가자들에게 보고하였다.

는데 또 죄를 씻어 달라고 할 필요가 있을까요?"[225] 그러나 성경은 구원을 위한 단회적 회개와 거룩한 삶을 위한 반복적인 회개를 말하고 있다.

2. 신천지 예수교 증거장막성전

신천지의 공식명칭은 신천지 예수교 증거장막성전이다. 한국 주요교단 통합, 합동, 기성, 합신, 고신, 대신, 기감에서 이단 결의가 되었다. 신천지는 다른 이단과는 다르게 공격적 포교활동으로 교회 안으로 침투하여 일명 '추숫꾼'으로 활동하며 교회를 통째로 미혹하여 장악하는 것을 '산 옮기기'라고 말한다. 또 복음방, 신학원, 센터 등을 운영하면서 은밀하게 성경공부를 하고 있다.[226] 성경공부는 비유와 요한계시록으로써 자의적 해석으로 정통교회 성도들을 미혹한다. 이제 한국 사회에서 신천지를 모르는 국민은 더 이상 없을 것이다. 그 이유는 2020년 2월 대구신천지교회에서 코로나19 바이러스 확진자가 대거 나오는 사건이 발생했기 때문이다. 결국 이 일로 인하여 신천지 총회장 이만희는 대국민 사과를 했지만 여론은 그 진정성을 의심했다. 분명 신천지 역시 코로나19가 그들에게 큰 충격적일 수밖에 없다. 대규모 집회 뿐 아니라 점조직으로 성경공부와 신자관리를 했기 때문에 정부의 사회적 거리두기와 방역이라는 문턱을 넘기가 어려웠다. 그리고 국민적 시선이 신천지에 대한 부정적이었기 때문에 그들 역시 몸을 사릴 수밖에 없었다. 그러나 위드 코로나With Corona가 시작되면 신천지는 포교활동을 본격

225) 박옥수, 『죄사함·거듭남의 비밀 1』(서울: 기쁜소식사, 2003), 118.
226) 백상현, 『이단 사이비, 신천지를 파헤치다』(서울: 국민일보기독교연구소, 2014), 107.

적으로 다시 시작할 것으로 예상된다.

신천지는 예수의 영이 이만희 육체에 임하게 되었다고 주장한다. 그래서 이만희는 총회장, 약속의 목자, 이긴 자, 백마탄자, 보혜사, 평화의 사자, 만왕의 왕 등과 같은 호칭을 받고 있다. 쉽게 말하면 이만희는 본래 그런 호칭을 받을 사람이 아니었지만 예수의 영이 임하면서 자신이 그런 존재가 되었다는 것이다. 그러나 성경은 예수 그리스도가 이긴 자가 되고, 성령이 보혜사가 되었다고 말하지 않는다. 삼위일체 하나님은 본래부터 이긴 자이면서 보혜사다. '이다'와 '되다'의 큰 차이가 있다. 또 이만희와 신천지의 성경 해석을 따르는 사람만이 14만 4천에 들어갈 수 있다는 주장을 한다. 신천지에서는 비유와 요한계시록을 아는 지식이 14만 4천에 속하게 되는 구원의 조건이다. '영적인 비밀스러운 지식', '영적인 지식'을 강조하는 신천지는 오늘 기독교 영지주의 이단이다. 영지주의는 '지식'을 구원의 조건이라고 말하면서 자신들만이 구원에 이르는 비밀스럽고 깨달은 지식을 소유하고 있다고 주장한다.[227]

3. 기독교복음선교회

기독교복음선교회 CGM Christian Gospel Mission는 재림주로 불리는 정명석을 따르는 기독교 이단 단체이다. 보통 정통교회는 기독교복음선교회를 JMS라고 알고 있으며 일본에서는 섭리교로 불리고 있다. 한국 주요교단 고신, 통합, 합동, 기감, 합신, 기성에서 이단으로 판정을 받았다. 정명석은 여신도 성폭행 혐의로 징역 10년 형을 받고 실형을 살다가 지금은 출소하였다. 천안

---

227) 김주원, 『이단대처를 위한 진검승부』 (대전: 도서출판 대장간, 2010), 33.

주영광교회에서 코로나 확진자가 여러 명 나왔다. 천안 주영광교회는 JMS 집회소였고, 정명석과 회복된 하와라고 불리는 정조은이 천안 주영광교회에서 집회를 한 영상도 보도되었다. 충청남도 금산 월명동을 본거지로 하고 있으며 특별히 대학 캠퍼스를 주대상으로 삼고 포교활동을 하고 있다. 정명석이 구속되기 전까지만 해도 대학 캠퍼스에서는 신천지보다 JMS가 가장 왕성하고 많은 회원수를 확보하고 있었다.[228] JMS는 비유와 30개론 성경공부를 하고 있고, 새벽 1시 기도를 하는 것이 특징이다. 이 과정에 신비적인 체험을 하게 되는 경우가 발생하면서 JMS의 교리가 옳다고 확신하여 미혹에 빠지는 청년들이 많아지게 되었다.

JMS교리는 통일교와 매우 비슷하다. 정명석이 통일교에서 원리강론을 가르친 강사로 활동했기 때문이다. 핵심교리는 비유편과 입문, 초급, 중급, 고급편에 담겨져 있다. 특히 30개론이 핵심교리로 알려져 있다. 이 30개론의 성경공부 목적을 보면 예수 그리스도가 아닌 선생님으로 불리는 정명석을 재림주로 믿도록 하는 것이라는 것을 짐작할 수 있다. 입문, 초급, 중급, 고급편 성경공부 첫 장을 열면 강의 포인트가 나온다.

"30개론을 공부하는 것은 선생님을 깨닫기 위함이다. 그러니

---

228) 연구자는 대학 캠퍼스 선교단체 간사(1997-2014)로 활동했다. 광주광역시 소재한 조선대학교에서 사역할 때 JMS는 '신앙과 문화'라는 명칭을 사용했다. 전남대학교는 '신앙과 예술'이라는 명칭으로 활동했다. 1997-1998년 JMS '신앙과 문화'는 동아리연합회 소속 종교분과에 있었고 회원수는 약 200명 정도였다. 신천지는 정식 동아리가 되어 있지 않았고, 사범대 동아리로 활동을 하고 있었고 회원수는 약 30명 정도였다. JMS 정명석이 여신도 성폭행으로 구속되면서 JMS는 대학교 동아리에서 퇴출되면서 세력이 약화되었다. 그러나 정명석이 출소하면서 내부체제를 정비하고 본격적인 포교활동을 준비하면서 대학생들을 미혹하고 있다.

선생님만 알면 공부를 덜했어도 된 다.1992.09.30".

R대생이라는 용어를 사용한다. R대생이란 선생님의 성경적 표현이 랍비Rabbi인데, 정명석을 선생님, 랍비로 믿고 그의 가르침을 따라 신앙생활하는 대학생들을 표현하는 말이다.[229] 구원관도 정통교회와 다르다. 구약시대는 종급 구원, 신약시대는 아들급 구원, 성약섭리시대는 신부급 구원을 받아야 한다고 주장한다. 비유 편에서는 갈빗대 비유, 왕벌 비유 등 비 성경적 해석을 하고 있다.

4. 하나님의 교회 세계복음선교협회

하나님의 교회 세계복음선교협회는 한국에서 가장 큰 규모를 가진 이단으로 알려져 있다. 일명 안상홍증인회라고도 불리는 이들은 교세가 약 250만 명이라고 홍보하고 있다. 교주 안상홍에 의해 창설된 이 단체는 아버지 하나님과 어머니 하나님을 믿는 사람들로 인식되어 있다. 안상홍이 아버지 하나님, 재림 그리스도[230]이고, 장길자가 어머니 하나님으로 교주 역할을 하고 있다. 안상홍은 1985년 2월에 뇌졸중으로 사망했다. 한국 주요교단통합, 합신, 합동, 고신, 기감에서 이단 판정을 받았다.

하나님의 교회의 주요교리는 다음과 같다. 안상홍을 재림 하나님으로 믿고, 장길자를 어머니 하나님으로 믿는다. 이것은 정통교회 삼위일체 교리를 위해하는 해석이다. 홈페이지를 보면 '새노래 나라'가 있다. 그들이 말하는

---

229) 김경천, 『거짓을 이기는 믿음』(수원: 기독교포털뉴스, 2019), 24-5.
230) 탁지원, 『신천지와 하나님의 교회의 정체』(서울: 월간현대종교, 2007), 94.

새노래는 하나님을 찬양하는 것이 아니라 안상홍과 장길자를 찬양하는 것이다. "빛나고 높은 보좌와 그 위에 앉으신 안상홍님의 영광이 해같이 빛나네" 찬송가를 개사해서 교주를 높이고 있다. 또 유월절을 알고 유월절을 지켜야 구원을 받는다고 주장한다. 또 12월 25일은 성탄절이 아니라고 주장한다. 또 일요일은 로마의 태양신을 숭배하는 날이기 때문에 주일예배는 우상숭배이고, 안식일을 지켜야 구원받는다고 주장한다. 그리고 정통교회에서 사용하고 있는 십자가를 우상숭배라고 정죄한다.231) 이러한 주장을 종합해보면 하나님의 교회는 기독교 율법주의 이단이라는 것을 확인할 수 있게 된다.

II. 이단들의 구원론 특징 분석

한국에서 자생하여 해외에까지 활동 영역을 펼쳐가고 있는 이단 단체 4개를 간략하게 살펴보았다. 이단의 문제는 오늘의 문제만이 아니다. 교회사적으로 볼 때 기독교 초기 교회사를 보면 다양한 이단들이 생성되었던 것을 확인할 수 있다. 대표적으로 Simon Magunus, Ebionism, Docetism, Valentinianism, Marcionism, Gnosticism, Arianism, Pelagianism 등이 있었다. 김주원은 초기 기독교 이단들의 기독론과 구원론 특징을 분석하여 아래와 같이 정리하였다.232)

---

231) Ibid., 101.

232) 김주원, "이단 신천지 미혹에 대한 효과적인 대처법 연구-주원침례교회를 중심으로" (박사학위논문, Midwestern Baptist Theological Seminary, 2018)

〈표1〉 초기 기독교 이단들의 기독론과 구원론 특징 분석

기독교 이단	특징
Simon Magnus	• 기독론: 자칭 삼위일체라고 주장 • 구원론: 하나님의 영이 육체와 분리되는 것
Ebionism	• 기독론: 유대인 선지자 중 한 사람, • 구원론: 모세의 규례와 의식 준수를 통한 구원
Docetism	• 기독론: 인간 예수와 그리스도 분리, • 구원론: 가현설 주장, 영혼만 구원받음
Valentinianism	• 기독론: 조물주 Demiurge의 창조물 • 구원론: 영의 감옥 육체에서 영이 분리되는 것
Marcionism	• 기독론: 예수님의 성육신 사건 부정 • 구원론: 오직 신약 하나님의 은혜로 얻는 구원
Gnosticism	• 기독론: 예수님의 성육신, 십자가 수난, 부활 부정 • 구원론: γνωσις를 소유한 사람만이 구원받음
Arianism	• 기독론: 예수님은 하나님의 피조물 • 구원론: 기독교인의 금욕주의 신앙생활 강조
Pelagianism	• 기독론: 예수님은 하나님의 아들로서 스승과 모범 • 구원론: 하나님의 은총보다 인간의 도덕적 책임 강조

성경은 해 아래 새 것이 없다고 말한다. 기독교 이단 역시 교회사에 존재했던 이단 사상이 반복되고 있다. 그래서 기독교 초기 이단들의 연구를 통해 현존하는 이단들의 정체를 분석할 수 있다. 2세기부터 4세기까지 기독교 초기에 등장한 이단들은 모두 기독교 혼합주의 이단들이었다. 유대인들은 기독교에 할례와 안식일 준수와 같은 율법을 더하여 기독교 율법주의를 주장했다. 결국 기독교 율법주의는 예수님을 하나님의 아들이 아닌 위대한 선지자, 도덕적 스승으로 간주했다.

또 헬라 사상 영지주의를 기독교화해서 기독교 영지주의를 주장하는 무리도 생겨났다. 기독교 영지주의자들은 예수님을 구원자로 여기지 않고, 영적인 지식을 전달해주는 메신저로 생각했다. 그리고 예수는 인성, 그리스도는 신성이라고 주장하면서 십자가 사건을 통해 예수와 그리스도가 분리되었다고 주장하면서 가현설을 가르쳤다. 초기 기독교 이단들은 기독론과 구원론이 정통교회와 달랐다.

〈표 2〉는 한국에서 자생하여 해외에까지 활동 영역을 펼쳐가고 있는 이단 단체 4개 구원파, 신천지, JMS, 하나님의 교회의 구원론 특징을 분석하여 정리한 것이다.

〈표 2〉 한국에서 자생한 대표적인 이단들의 구원론 특징 분석

기독교 이단	특징	분류
구원파	• 구원론: 깨달음과 영적 생일 기억을 통한 구원과 지속적인 회개는 구원받지 못한 증거라고 주장함.	기독교 반反율법주의, 무無율법주의
신천지예수교 증거장막성전	• 구원론: 약속의 목자, 이긴자, 보혜사로 이만희를 믿어야 하고, 비유와 계시록의 감추어진 비밀을 아는 사람만이 구원을 받을 수 있다고 주장함.	기독교 영지주의
기독교 복음선교회 JMS	• 구원론: 신약시대는 예수를 믿음으로 구원을 받지만 지금은 성약 섭리시대이기 때문에 재림주를 믿어야 구원을 받을 수 있다고 주장함.	기독교 영지주의 신비주의
하나님의 교회	• 구원론: 재림 예수, 아버지 하나님인 안상홍과 어머니 하나님 장길자를 믿고, 유월절과 안식일을 지켜야 구원을 받을 수 있다고 주장함.	기독교 율법주의

〈표 2〉를 보면 한국에서 자생하여 해외에까지 활동 영역을 펼쳐가고 있는 이단 단체 4개는 정통교회와 다른 구원관을 가지고 있다는 것을 확인할

수 있다. 기독교 이단을 분별하기 위해서는 구원론 교리가 어떻게 되어있는 가를 확인하는 것이 급선무다. 그리고 정통교회가 성도들을 이단의 미혹으로부터 분별할 수 있도록 올바른 구원론 교육이 반복적으로 이루어져야 할 것이다. 더 나아가 정통교회는 성도들과 개인적인 만남을 통해 성경의 구원론과 구원의 확신을 점검하고 격려하는 일이 반드시 필요하다.

Ⅲ. 나가는 말

교회로부터 이단예방교육에 관한 특강을 요청받는다. 그 때 몇 몇 교회에서는 일명 신천지라고 불리는 이단에 대해서만 강의해 줄 것을 요구한다. 물론 교회의 요청이니까 거기에 맞추어서 강의를 한다. 강의를 하기 전 교회 목사님과 대화를 하게 될 때면 특정 이단에 대해서만 듣는 것보다 다양한 이단에 대해서 교육해야 할 필요성이 있다는 것을 말씀드린다. 물론 발등에 불이 떨어진 것 같아서 특정 이단에 대해서 집중적으로 강의를 들어야 하겠다는 생각을 모르는 것은 아니다. 그러나 궁극적으로 신자들에게 예방교육을 시키길 원한다면 '360도 전방향 이단예방교육'을 실시해야 한다. 여기에서 말하는 '360도 전방향 이단예방교육'이란 크게 네 가지 유형의 이단에 대해 예방교육을 말한다. 네 가지 유형이란 율법주의, 무율법주의, 영지주의, 신비주의 이단을 뜻한다. 그래서 예방이라고 하는 것은 여유를 가지고 해야 한다. "우리 교회는 안전하다."라고 생각할 때 실시해야 한다. 이단으로부터 신자들이 피해를 받기 전에 예방교육을 해야 하는 것이다. 예방하면 문제를 크게 막을 수 있다. 그렇다면 우리 주변에서 신자들을 미혹하는 이단의 네 가지 유형에 대해서 간략하게 소개하도록 하겠다.

첫째, 율법주의 이단이다. 율법주의란 율법을 지켜야만 의롭게 되어 구원을 받을 수 있다고 주장하는 기독교 이단사상이다. 율법주의 이단은 예수님만을 믿는다고 구원 받는 것이 아니라고 말한다. 반드시 율법을 지켜야 구원받을 수 있다고 주장을 했다. 이것은 초대교회 예루살렘 회의를 보면 잘 나타난다. 당시 예루살렘 교회의 최대 이슈였다.

> "어떤 사람들이 유대로부터 내려와서 형제들을 가르치되 너희가 모세의 법대로 할례를 받지 아니하면 능히 구원을 받지 못하리라 하니 바울 및 바나바와 그들 사이에 적지 아니한 다툼과 변론이 일어난지라 형제들이 이 문제에 대하여 바울과 바나바와 및 그 중의 몇 사람을 예루살렘에 있는 사도와 장로들에게 보내기로 작정하니라 그들이 교회의 전송을 받고 베니게와 사마리아로 다니며 이방인들이 주께 돌아온 일을 말하여 형제들을 다 크게 기쁘게 하더라 예루살렘에 이르러 교회와 사도와 장로들에게 영접을 받고 하나님이 자기들과 함께 계셔 행하신 모든 일을 말하매 바리새파 중에 어떤 믿는 사람들이 일어나 말하되 이방인에게 할례를 행하고 모세의 율법을 지키라 명하는 것이 마땅하다 하니라" 행 15:1-5

바울 사도가 세운 교회 신자들에게 혼란을 주었던 이단이 바로 율법주의 이단이었다. 바울은 빌립보 교회 신자들에게 율법주의 이단을 조심하라고 말하였다. 사도 바울은 율법주의 이단을 개, 할례파라고 불렀다.

"개들을 삼가고 행악하는 자들을 삼가고 몸을 상해하는 일을 삼가라 하나님의 성령으로 봉사하며 그리스도 예수로 자랑하고 육체를 신뢰하지 아니하는 우리가 곧 할례파라" 빌 3:2-3 233)

교회역사 가운데 '에비온파' 혹은 '에비온주의'라는 것이 있었다. 2세기 초에 나타난 율법주의 이단 사상을 가진 사람들이었다. 예수님은 동정녀 마리아에게 태어날 수 없으며, 침례세례받을 때에 자신의 임무를 수행할 수 있는 능력을 부여받았다고 주장했다. 이처럼 예수님에게 하나님의 능력이 임할 수 있었던 이유는 예수님이 주어진 율법을 순종함으로써 완성했기 때문이라고 말했다. 그래서 이들은 할례와 안식일을 지켰다. 결국 이들은 예수님을 율법의 완성자로 보지는 않았지만 율법을 수행할 수 있는 모범을 보인 사람으로 보았던 것이다. 그런데 바울이 예수님을 마치 율법의 완성자인 것처럼 소개하였다고 분개하면서 바울을 율법주의의 이단자로 규정하였다.234) 그래서 율법주의 이단은 예수님을 이스라엘 선지자 중의 한사람, 위대한 도덕적 스승에 불과하다고 생각하였다. 즉 예수님이 갖고 계신 신성神性을 인정하지 않았다.

오늘날 우리 주변의 이단들 중에 율법주의 이단이 있다. 그들의 주장은 과거에 존재했던 율법주의 이단과 크게 다른 것이 없다. "안식일을 지켜야 구원받는다.", "유월절을 지켜야 구원받는다."라고 주장하는 일명 '안식교'

---

233) 개역한글판 성경에는 개와 손할례당으로 표현하고 있다. "개들을 삼가고 행악하는 자들을 삼가고 손할례당을 삼가라"
234) 차종순, 『교회사』(서울: 한국장로교출판사, 1992), 57.

라 불리는 이단과 하나님의 교회를 표방하는 '안상홍증인회'라는 곳이 대표적인 율법주의 이단이라고 할 수 있다. 특별히 안상홍증인회는 전 세계적으로 일어나고 있는 재앙과 전쟁에 대한 관심이 많다. 그런 사진과 자료를 정리해서 전도할 때 사용한다. 재앙과 전쟁 등과 같은 어려움이 전 세계적으로 일어나는 것은 성경에 예언되어 있다고 말한다. 여기까지는 문제가 되지 않는다. 그런데 그런 환란을 피해서 구원받을 수 있는 방법은 유월절[235]을 지켜야만 가능하다고 주장한다. 그 외에도 자신들을 어머니 하나님을 섬기는 사람들이라고 표방한다.

둘째, 무율법주의 이단이다. 무율법주의 이단은 율법주의와는 정반대 주장을 한다. 이들을 '도덕폐기론' 또는 '반율법주의'antinominalism라고 부르기도 한다. 무율법주의란 바른 것을 믿고 바른 것을 말하기만 하면 무슨 짓을 해도 상관없다는 이단사상이다. 그러나 야고보는 '행함이 없는 믿음은 죽은 것'약 2:20이라고 말했다. 즉 삶의 열매로 나타나지 않는 신앙고백은 무용지물이다.[236] 구원은 영이 받는 것이고, 육은 악하기 때문에 구원과는 아무런 상관이 없다고 주장한다. 결국 육체로 행하는 모든 것은 구원과 상관없기 때문에 하나님의 은혜로 구원받았으면 율법은 더 이상 아무런 가치

---

235) 출애굽을 기념하는 축제 절기이다.(출12:2-14) 그리고 유월절 준수는 모세에게 주신 율법 가운데 하나이기도 하다. 유월절은 새해 첫 달 만월에 지켜진다. 제 10일에 각 가족은 일년생 양을 골라 제 14일째 황혼에 흠 없는 이 양을 죽여 그 피를 문설주에 바른다. 양의 고기는 같은 날 구워서 먹되 남은 고기는 모두 태운다. 그 양의 뼈는 꺾지 않은 채 둔다. 가족은 급히 떠날 채비를 갖추고 양고기와 함께 무교병과 쓴 풀을 먹는다. (박형용, 『사복음서 주해』(서울: 합신대학원출판부, 2009), 24.)

236) D. Martyn. Lloyd-Jones, 『성부하나님, 성자하나님』, 강철성 역 (서울: 기독교문서선교회, 2008), 475.

가 없다고 가르치는 기독교 이단사상이다. 성경은 이런 사상을 '니골라 당'
이라고 말하였다.

> "그러나 너를 책망할 것이 있나니 너의 처음 사랑을 버렸느니라
> 그러므로 어디서 떨어졌는지를 생각하고 회개하여 처음 행위
> 를 가지라 만일 그리하지 아니하고 회개하지 아니하면 내가 네
> 게 가서 네 촛대를 그 자리에서 옮기리라 오직 네게 이것이 있으
> 니 네가 니골라 당의 행위를 미워하는도다 나도 이것을 미워하
> 노라" 계 2:4-6

> "이와 같이 네게도 니골라 당의 교훈을 지키는 자들이 있도다
> 그러므로 회개하라 그리하지 아니하면 내가 네게 속히 가서 내
> 입의 검으로 그들과 싸우리라" 계 2:15-16

니골라 당의 가르침은 교회를 어지럽히는 이단 사상이었다. 특히 사도
요한은 니골라 당에 대해서 강하게 비판하였다. 그 이유는 무엇인가? 니골
라 당은 영의 구원만을 주장하였기 때문이다. 반면 육체로는 어떠한 삶을
살아도 구원과는 아무런 상관이 없다고 가르치면서 율법을 무시했다. 당연
히 방종한 삶으로 흐르는 경향이 나타나게 되었다. 그러나 그것에 대한 회
개는 전혀 행해지지 않았다. 그러나 예수님은 사도 요한을 통해 소아시아
의 일곱 교회 중 두 교회 즉 에베소 교회와 버가모 교회에게 말씀하셨다. 니
골라 당의 교훈을 따르는 자들에게 경고하는 내용이었다. 그리고 그 경고를

받은 자들은 회개하라고 말씀하셨다.

오늘날에도 우리 주변에 무율법주의 이단이 있다. 일명 '구원파'라고 불리는 이단이다. 그들은 죄와 범죄는 다른 것이라고 주장한다. 그래서 죄를 용서받는 것이지, 범죄를 용서받는 것이 아니라고 말한다. 또 정통교회에서 사용하고 있는 사도신경의 내용을 부정하고 틀렸다고 말한다. 만약 "회개합니다.", "죄 지은 것을 참회합니다."라고 고백하는 것은 구원받지 못한 증거라고 말한다. 구원에 관해서는 예수님을 믿음으로 구원받는 것이 아니라, "죄 사함을 깨달아야 구원받는다.", "성경을 깨달아야 구원받는다."라는 주장을 하고 있다.

셋째, 영지주의 이단이다. 영지주의란 영적인 지식을 일고, 가지고 있을 때 구원받는다고 주장하는 기독교 이단이다. 이들의 가장 큰 특징은 영적인 지식을 강조한 데서 찾아볼 수 있는데, 곧 기독교는 진정한 지식에 도달하는 한 가지 길이며, 바로 이 지식gnosis 가운데 길이 포함되어 있다고 생각하는 것이다. F. F. Bruce는 다음과 같이 설명하고 있다.

> 당시 기독교 그노시스지식는 우리가 쉽게 분류하고 판단하기 힘든 여러 가지 복잡한 형태로서 설명된다. 그러나 일반적으로는 예수님을 영지주의자들의 가르침에 의하여, 인간 세계에 하강하시어서 우리 인간 세계에 갇혀 있는 신적인 요소를 해방시키고, 이를 다시 진정한 본향으로 이끌어 가시기 위해 이 세상에 하강하신 신적인 존재와 동일시하였다. 이에 따라 성경이 가르

치는 인간의 타락도 바로 이러한 영지주의의 사상체계 안에서 다시 설명된다. 즉 타락이란 신적 요소들이 물질적 경계 속으로 떨어져버린 것이며, 이러한 타락은 일반적인 인간의 생식을 통해 영구히 재생산되었으며, 이는 곧 인간의 육체가 많아지면 많아질수록 더 많은 신적 요소들이 이 물질과 육체들 가운데 갇히게 된다는 것을 의미한다. 바로 이러한 물질세계는 지존의 하나님이 아니라 조물주demiurge의 작품이었으며, 이 조물주는 영지주의자들 가운데서 이스라엘의 하나님과 동일시된다.[237]

영지주의자들의 특징은 고난당하시는 예수님을 인정하지 않는다는 것이다. 이유는 간단하다. 신神이기 때문이다. 그래서 예수님께서 십자가에서 고난당하신 것은 사람의 눈에 고난당하는 것처럼 보였다고 말한다. 이것을 일명 '가현설'이라고 한다. 예수님의 신성을 지나치게 강조한 나머지 예수님의 인성人性을 무시한 것이다. 사도 요한은 이러한 영지주의 이단을 강력하게 비판하였다.

"사랑하는 자들아 영을 다 믿지 말고 오직 영들이 하나님께 속하였나 분별하라 많은 거짓 선지자가 세상에 나왔음이라 이로써 너희가 하나님의 영을 알지니 곧 예수 그리스도께서 육체로 오신 것을 시인하는 영마다 하나님께 속한 것이요 예수를 시인하지 아니하는 영마다 하나님께 속한 것이 아니니 이것이 곧 적

237) F. F. Bruce, 『초대교회역사』, 서영일 역 (서울: CLC, 2009), 322.

그리스도의 영이니라 오리라 한 말을 너희가 들었거니와 지금

벌써 세상에 있느니라" 요일 4:1-3

오늘날에도 우리 주변에는 영지주의 이단이 있다. 일명 신천지라고 불리는 이단이다. 그들의 주장은 하나님의 뜻을 알아야만 믿을 수 있고, 믿은 후 행할 수 있다고 주장한다. 그래서 지知, 신信, 행行의 순서를 강조한다. 성경의 비유와 계시록에 감추어진 비밀스러운 지식을 아는 사람만이 구원받는다고 주장하고 있다. 그러나 성경은 이러한 주장을 허락하지 않는다. 구원은 오직 예수님을 믿음으로, 하나님의 은혜로 받는 것임을 말하고 있다. 또 교주는 자칭 보혜사라고 주장한다. 자신이 보혜사이기 때문에 성경의 비밀스러운 영적인 지식을 알려주고 풀어줄 수 있다고 한다. 그러나 성경은 보혜사에 대해서 분명하게 말씀하고 있다. 보혜사는 요한복음에 네 번 나오는 단어다. 예수님과 성령님을 두고 하는 말이다. 이단의 교주들은 대체로 자신이 하나님 혹은 재림예수 그리고 보혜사라고 말하는 경우가 많다. 신천지의 경우도 예외가 아니다.[238]

넷째, 신비주의 이단이다. 신비주의는 하나님과 연합으로부터 파생되는 순수함과 행복을 성경 말씀이나 은혜라는 평범한 수단을 통해 주어지는 것이 아니라고 말한다. 오히려 신비롭고 초자연적인 영향력에 의해 주어지는 것이며, 초자연적인 영향력에 대해 깊은 생각이나 노력보다는 그저 영혼을

---

238) '보혜사'에 관해서는 김주원, 『이단대처를 위한 진검승부』(도서출판 대장간)의 20장을 참고하기 바란다.

수동적으로 순종시키면 받을 수 있다고 믿는 사상이다. D. Martyn. Lloyd-Jones는 다음과 같이 말하고 있다.

> 일반적으로 신비주의는 느낌을 하나님에 대한 지식을 얻는 근원으로 본다. 하나님에 대한 지식을 얻는 데에, 지적인 것이나 이성적인 것이나 이해하려는 것보다는 느낌에 중점을 둔다는 말이다. 이것이야말로 신비주의를 식별할 수 있는 기준이 되는 것이다. 신비주의자는 하나님에 대한 지식을 객관적인 지식이나 이해를 통해 얻어질 수 있는 것이 아니라 사람의 마음과 하나님의 영과의 직접적인 교통을 통해 얻어질 수 있는 것이며, 결국 느낌이라는 영역 속에서 주로 가능하다고 말한다. 신비주의자에게 있어서 하나님은 이러한 형태나 모습 가운데서 진리를 알려주신다고 믿는 것이다.[239]

정통교회는 성경 말씀을 최우선에 두지만, 신비주의 이단은 이해보다 성령의 느낌을 더 강조한다. 우리가 조심해야 할 것이 여기 있다. 메마른 형식주의적인 신앙행태도 문제다. 그것이 반대하는 기독교 신앙운동이 주로 신비주의로 나타나게 된다. 그것은 분명 교회에 새로운 바람, 성령에 대한 민감해야 할 필요성을 제공하기도 한다. 그런데 감성과 느낌에 치중한 행태가 극단적이 되면 미신적인 기독교가 되어버린다. 교회역사 가운데 '몬타누

---

239) D. Martyn. Lloyd-Jones, 『요한일서강해1』, 임성철 역 (서울: 생명의말씀사, 1999), 151.

스'라는 사람이 있었다. 156년경에 활동했던 사람으로서 특히 예언적 은사를 중심으로 한 신앙운동을 펼쳤던 사람이다. 그는 그리스도의 탄생과 함께 성부의 시대가 끝나고 성자의 시대가 시작되었으며, 이제 성자 시대는 막을 내리고 성령 시대가 이미 시작되었다고 주장하였다. 그 이유는 앞으로 보혜사가 오리라는 그리스도의 약속이 이미 성취되었기 때문이라는 것이다. 급기야 몬타누스 자신이야말로 이 보혜사의 대언자라고 주장하였다. 보혜사의 강림은 또한 그리스도의 재림이 임박하였다는 것을 의미한다고 가르쳤다. 몬타누스는 자신을 쫓기 위해 가족을 버린 프리스카Prisca와 막시밀라Maximalla를 여선지자로 세우고 성령의 계시를 받는 자들이라고 말했다. 성령께서 입신 상태에 빠진 여선지자들을 통해 초자연적인 계시를 주신다고 믿었다. 결국 정통교회는 몬타누스와 그를 따르던 사람들을 이단으로 규정하였다.[240]

　결국 신비주의자들은 하나님을 직접적으로 알기 위해서 성경보다는 직접적인 체험을 우선순위에 둔다. 또 자신의 체험을 변호하기 위해 성경구절을 인용한다. 그러나 성경 말씀이 본래 말하려고 하는 의도와는 전혀 상관없이 성경을 해석하는 일이 많다. 또 하나의 두드러진 특징은 정통신앙의 가르침과 성경 가르침보다는 성령의 은사, 환상, 꿈 등을 통해 하나님을 좀 더 깊이 체험하는 것을 원한다. 더 나아가 공적 예배에 참여하기는 하지만 교회를 통하기보다는 개인적으로 성령 체험하길 원하는 성향이 강하게 나타난다. 결국 개인적인 체험을 하나님의 말씀보다 더 치중하게 되면 억지주장을 하게 된다. 쉽게 말하면 소설과 같은 이야기를 만들게 된다는 것이다.

240) F. F. Bruce, 『초대교회역사』, 서영일 역, 281-3.

김세윤 교수는 다음과 같이 말하고 있다.

요즘 미국에서 우리 한국으로 들어오는 재미없는 사상이 하나 있습니다. 사탄과 귀신의 왕국에 대한 것입니다. 그에 대하여 신약 성경이 허용하지 않는 만큼 추측해서 무슨 자기들의 체계 있는 소설 같은 이야기를 써서 주장합니다. 이것을 '스펙큘레이션'speculation: 억측이라고 합니다. 그 한 예로 풀러 신학교 선교 대학원 교수였다가 지금은 은퇴한 피터 와그너 교수의 최신 이론을 소개합니다. 그의 주장에 의하면, 요즘 세상이 이렇게 시끄러운 이유는 하나님의 왕좌 위에 천상의 여왕이 앉아 있어서 그렇다는 것입니다. 그런데 그 천상의 여왕이 누구냐 하면 바울이 선교할 때 만난 고대 에베소의 다이아나 여신이라고 합니다. 그 다이아나 여신을 바울이 그때 완전히 박멸했어야 하는데 바울이 실패하여 그 다이아나 여신이 계속 살아 있다가 가톨릭의 마리아 숭배로 들어갔다가 얼마 전에 죽은 영국 찰스 황태자의 부인 다이아나와 연결이 됐다는 것입니다. 그래서 다이아나가 천상의 여왕으로 앉아 있으면서 하나님과 싸워 세상이 이렇게 시끄럽다는 것입니다. 이와 같은 억측을 위시해 도시마다, 또 한 도시 안에서도 구역마다 그 곳을 통치하는 귀신의 이름을 자기들이 정하는 일도 합니다. 자기들이 지역의 귀신들의 이름을 안다는 것입니다. 이런 정도의 스펙큘레이션을 신약성경은 절대

허용하지 않습니다.[241)]

얼마 전 일부 기독교 청년들이 절에 들어가서 일명 '땅 밟기'를 하다가 CCTV에 잡혔다. 그 일로 연일 매스컴과 인터넷상에서는 기독교의 무례함을 강력하게 비난하였다. 결국 청년들과 청년들을 훈련시킨 단체의 목회자는 절을 방문하여 사과하였다. 이런 해프닝이 왜 일어나는 것일까? 운이 안 따라서 그랬을까? 재수가 없어서 그런 것일까? 그렇게 생각하면 안 된다. 우리가 복음전도의 모델을 찾을 때는 신약성경을 주의해서 살펴봐야 한다. 예수님의 복음전도는 어떠하셨는가? 또 예수님의 제자 베드로, 요한 그리고 바울은 어떻게 전도활동을 했는가? 그 외에도 수많은 복음 전도자들은 어떻게 복음을 사람들에게 전했는가? 이런 물음을 하면서 성경을 읽어야 한다. 예수님과 사도들 그리고 전도자들은 복음을 전하기 위해서 마을을 돌아다녔다. 그러나 일명 '땅 밟기'에서 말하는 지역을 묶고 있는 영이 있다고 규정한 예를 찾아보기 어렵다. 오히려 우리가 건전한 신앙을 유지하기 위해서는 성경의 교훈을 벗어나지 말아야 한다.

> "형제들아 내가 너희를 위하여 이 일에 나와 아볼로를 들어서 본을 보였으니 이는 너희로 하여금 기록된 말씀 밖으로 넘어가지 말라 한 것을 우리에게서 배워 서로 대적하여 교만한 마음을 가지지 말게 하려 함이라" 고전 4:6

---

241) 김세윤, 『주기도문강해』 (서울: 두란노, 2000), 188.

이상으로 우리 주변에 활동하고 있는 기독교 이단형태에 대해서 살펴보았다. 또 한국에서 자생하여 해외에까지 활동 영역을 펼쳐가고 있는 이단 단체 4개의 특징을 간략하게 연구하였다. 어느 특정 이단에 대한 연구와 예방만으로는 부족하다. 이런 예방교육을 통해 신자들의 믿음과 교회 공동체가 가지고 있는 복음의 순수성을 이단들로부터 지킬 수 있다. 그래서 정통 교회가 건강한 신앙을 유지하기 위해서는 '360도 전방향 이단예방교육'을 정기적으로 실시해야 한다.

제8장 • 복음전도를 위한 성경적 반증

Ⅰ. 들어가는 말

신약성경 마가복음 13장을 살펴보면 예수님과 제자 네 명이 대화한 내용이 기록되어 있다. 네 명의 제자는 베드로, 야고보, 요한, 안드레이다. 네 명의 제자들은 예수님께 질문을 한다.

> "우리에게 이르소서 어느 때에 이런 일이 있겠사오며 이 모든
>
> 일이 이루어지려 할 때[242)]에 무슨 징조가 있사오리이까"막 13:4

예수님의 제자들은 세상 끝 즉 종말, 말세에 대해 질문을 한 것이다. 제자들의 질문을 받은 예수님은 종말에 나타날 징조를 가르쳤다. 그래서 기독교회에서는 마가복음 13장을 '소묵시록'the little Apocalypse이라고 부른다.[243)] 그런데 종말에 나타날 첫 번째 징조가 이단의 출현이다. 예수님은 제자들에게 "예수께서 이르시되 너희가 사람의 미혹을 받지 않도록 주의하라 많

---

242) 마가복음 13장 4절의 "모든 일이 이루어지려 할 때"라고 기록했고, 마태복음 24장 3절에서는 "예수께서 감람 산 위에 앉으셨을 때에 제자들이 조용히 와서 이르되 우리에게 이르소서 어느 때에 이런 일이 있겠사오며 또 주의 임하심과 세상 끝에는 무슨 징조가 있사오리이까"라고 기록했다.

243) D. A. Carson, et al., 『신약』, 『IVP성경주석』, 김재영, 황영철 역 (서울: 한국기독학생회출판부, 2005), 185.

은 사람이 내 이름으로 와서 이르되 내가 그라 하여 많은 사람을 미혹하리라"막 13:5-6고 말씀하셨다. 예수님 당대에는 이단이 등장하지 않았지만 사도들이 활동하는 시기부터 기독교 이단[244]이 서서히 나타난다. 그 대표적인 사람이 사도행전 8장에 등장하는 마술사 시몬 즉 시몬 마구누스Simon Magnus로서 최초의 영지주의자[245], 영지주의의 창시자이다.[246] 이단은 예수님께서 소묵시록에서 예언하신대로 초기 기독교 시대부터 시작해서 현대 기독교 시대까지 교회사에 끊이지 않고 등장한다. 지난 2,000년 교회시대에 등장한 기독교 이단들은 율법주의, 반율법주의, 영지주의, 신비주의 형태로 나타나 정통교회를 위협하며 미혹하고 있다.[247]

그런데 우리 주변의 이단들이 정통교회 성도를 미혹할 때 사용하는 것은 다름 아닌 성경이다. 이단들은 자신들만이 하나님의 구원을 받을 수 있는 말씀 곧 영적이고 비밀스러운 지식을 소유하고 있다고 주장한다. 신천지 예수교 증거장막성전에서는 다음과 같이 설명했다.

> 성경을 무조건 읽고 외는 것만이 능사는 아니다. 성경은 영생에
> 이르는 천국의 비밀이 암호로 기록된 책이다. 그러므로 하나님

---

244) 본 연구는 기독교 이단들의 요한계시록 해석과 정통교회 복음전도를 위한 성경적, 신학적 반증을 대조하는 것으로써, 본 원고에서는 기독교 이단을 이단이라고 줄여서 사용한다.

245) Justo L. Gonzalez, 『기독교사상사(Ⅰ)』, 이형기, 차종순 옮김 (서울: 대한예수교장로회총회출판국, 1988), 165.

246) 라은성, 『정통과 이단(上)』 (서울: 도서출판 그리심, 2008), 36.

247) 김주원, 『이단대처를 위한 바이블로클리닉』 (대전: 도서출판 대장간, 2011), 179-89.

이 친히 기록하신 성경의 모든 말씀은 반드시 정하신 날에 한 인
물이 오시어 그 인을 떼고 해명하신다. 이 날까지 수많은 신학자
들이 주석이나 강해 등을 저술하였다. 그러나 아직 때가 이르지
아니하였고, 또한 그들은 약속된 인물이 아니므로 성경의 바른
해독을 하지 못한 채 역사나 인물 등을 분류하는 데 그치고 있을
뿐이다.[248]

신천지를 비롯한 여러 이단들은 성경을 천국비밀의 암호로 인식하면서
자신들의 주장을 사람들에게 심어주기 위해 성경공부에 열을 올리고 있다.
이 때 이사야 34장 16절 말씀을 근거구절로 삼아 신구약 성경이 짝으로 되
어 있으며, 문자적 해석이 아닌 비유로 풀어야만 정확하게 해석 할 수 있다
고 말한다. 기독교복음선교회CGM 총재 정명석은 다음과 같이 말했다.

"성경을 이해하는 데 있어서 가장 기본이 되는 것은 비유론이
다.... 성경의 모든 비밀은 비유로써 인봉되어 있다. 말세, 재림,
공중휴거, 선악과와 인간 타락의 비밀, 갈빗대로 하와를 만들었
다는 비밀 모두가 비유로써 인봉되어 있는 것이다."[249]

이단들은 정통교회와 동일한 주제loci를 다룬다. 결정적인 문제는 성경
에서 발췌한 주제는 동일하지만 해석이 정통교회와 전혀 다르다. 이런 현

---

248) 김건남, 김병희 공저, 『신탄』(경기도: 도서출판 신천지, 1985), 23.
249) 정명석, 『비유론』(서울: 도서출판 명, 1998), 12.

상에 대해서 사이비종교피해대책연맹 총재 정동섭은 앨리스터 맥그래스 Alister McGrath의 말을 다음과 같이 인용했다.

> 기독교적이고 기독교적이 아닌 것 사이의 구분은 이신칭의의
> 교리를 받아들이는가 받아들이지 않는가에 있는 것이 아니다.
> 정통과 이단의 차이는 일단 이 교리를 수용한 이후에 이 교리를
> 어떻게 이해하는가에서 드러난다. 이단은 기본적으로 이 교리
> 를 받아들이면서 그 의미를 내적 일관성 없는 모순된 방식으로
> 해석함으로 생기는 것이다.[250]

이단들도 정통교회와 동일한 성경을 사용하고, 똑같은 주제를 말한다. 그렇다고 그들이 정통으로 인정받는 것은 아니다. 이단은 정통교회와 동일한 주제를 다루기는 하지만 그 해석은 전혀 다르기 때문에 이단으로 판정이 되는 것이고, 정통교회는 이런 해석을 하는 이단들의 미혹에 성도가 넘어가지 않도록 주의를 기울여야 한다. 특히 이단들은 신약성경 요한계시록을 자의적으로 해석하는 경향이 높고 그 해석방법은 비유풀이다. 신천지 총회장 이만희는 '계시록이 신약과 구약을 빙자한 비유'라고 주장하면서 요한계시록 해석방법에 대하여 다음과 같이 말했다.

계시록은 신약과 구약의 인명, 지명을 빙자하여 비유로 기록되

---

250) 정동섭, 이영애 지음, 『구원파를 왜 이단이라 하는가?』 (서울: 죠이선교회, 2006), 59.

었다. 그 이유는 성취될 종말의 사건이 아담 때, 노아 때, 롯 때, 모세 때, 초림 예수님 때와 같다고 하셨기 때문이 다.계 11:8; 눅 17:26-30 그러므로 계시록의 예루살렘, 바벨론, 사도 요한, 니골라당, 이세벨 등은 신 구약의 인명, 지명을 빙자하여 비유로 말씀하신 것이다. 신약의 비유는 대부분이 천국비밀마 13:10-11이 다. 이 비유의 말씀을 깨닫지 못하면 죄사함을 받지 못하고 이방인이 된 다.막 4:10-13 그러므로 성도는 편파·편견적인 신앙을 고집하지 말고 때를 따라 진리의 양식을 나누어주는깨닫게 하는 목자에게 와서 배우고 깨달아야 구원받게 된다.251)

이만희의 주장을 보아서 알겠지만 마치 자신들의 전매특허처럼 요한계시록을 사용하면서 구원에 이르는 영적인 비밀을 오직 자신들만이 가지고 있다고 주장한다. 반면 정통교회는 요한계시록을 잘 다루지 않는 경향이 높다. 그 이유는 요한계시록을 잘못 해석해서 가르치면 이단 또는 이단성이 있는 목회자, 이단 교회라는 비난을 듣게 될 수 있다는 두려움 때문이다. 그래서 요한계시록을 성도에게 가르치려는 시도를 하지 않는 목회자가 많다. 이것은 요한계시록을 정통교회에게 주신 하나님의 의도를 정확하게 파악하지 못한 태도이다. 요한계시록 1장 3절에 "이 예언의 말씀을 읽는 자와 듣는 자와 그 가운데에 기록한 것을 지키는 자는 복이 있나니 때가 가까움이라"고 기록하고 있다. 요한계시록을 가르치고 배워야하는 이유는 복이 있는 성도가 되기 위함이다. 그러나 요한계시록을 기피하는 현상이 정통교회

251) 이만희, 『천국비밀계시』 (경기도: 도서출판 신천지, 1998), 15.

안에 만연해 있는 실정이다. 이런 현상이 정통교회 안에서 지속된다면 이단들의 미혹으로부터 성도와 교회가 안전할 수 없을 것이다. 그리고 이단에 미혹되는 피해규모는 계속해서 증가할 것으로 예상이 된다. 한국교회가 건강한 유기체적 공동체로 성장하고, 불건전한 이단으로부터 성도를 지키기 위해서는 요한계시록을 정확하게 가르치고 배우는 과정이 필수적이다.

그래서 본 연구는 바른 종말론 연구를 위해 요한계시록에 기록된 인 맞은 자 '십사만 사천', 짐승의 표 '육백육십육', '아마겟돈 전쟁'의 의미를 연구할 것이다. 특히 세 개의 주제를 중심으로 주요 이단들 기독교복음선교회와 정명석, 신천지와 이만희의 성경해석을 분석하고, 정통교회의 바른 해석으로 반증할 것이다.

II. 이단들의 십사만 사천 해석과 성경적 반증

1. 이단들의 십사만 사천 해석: 기독교복음선교회와 신천지의 주장

기독교복음선교회는 30개론 성경공부를 한다. 30개론 성경공부는 입문편, 초급편, 중급편, 고급편으로 구성되어 있다. 각 편마다 본장에 들어가기에 앞서 '강의 포인트'라는 제목으로 총 8개 내용이 수록되어 있다. 고급편 강의 포인트에서 다음과 같이 말했다.

"30개론을 공부하는 것은 선생님을 깨닫기 위함이다. 그러나 선생님만 알면 공부를 덜했어도 된다.1992.09.30.... 여덟째, 30개론을 배우고 나면 여러분들이 다 배웠다고 하는데 배운 것이 다

배운 것이 아니다. 30개론을 실천해야 한다."[252]

　강의 포인트를 보면 30개론 성경공부의 주된 목적은 선생님으로 추앙받는 정명석을 재림주, 메시아로 믿도록 하기 위함이다. 30개론 성경공부 안에는 요한계시록 십사만 사천에 대한 성경공부가 수록되어 있다. 그들은 십사만 사천에 대해 다음과 같이 말했다.

　　십사만 사천은 무엇인가?.... 먼저, 요한계시록 7장 4절을 보면 "내가 인 맞은 자의 수를 들으니 이스라엘 자손의 각 지파 중에 인 맞은 자들이 십사만 사천이니"라며 이마에 인 맞은 자의 수가 이스라엘 각 지파 1만 2천씩을 합한 십사만 사천이라고 했다. 여기서 인은 말씀을 말하고 인맞은 자들이란 시대의 하나님의 진리를 믿고 실천하는 자들을 말한다.... 십사만 사천이 새노래를 부르는데 땅에서 구속함을 받은 자라고 했다. 이와 같이 십사만 사천은 수리적 차원을 넘어서 그리스도를 중심으로 당세의 말씀을 믿고 따른 자, 메시아를 따르는 모든 사람들을 말하는 것이지 결코 정해진 숫자가 아니다. 초림 때는 참예한 자들이다. 재림 때는 천년 왕국의 첫 열매이신 재림 주님을 중심으로 이스라엘 12지파의 확대판인 기독교의 12지파를 중심으로 첫 부활에 참여한 당세에 믿고 따른 자들을 말한다. 한편 계시록 7장 9

---

252) 세계청년대학생MS연맹, 『고급편』 (서울: 세계청년대학생MS연맹 기획실, 출판연도 불명), 0.

절을 보면 십사만 사천을 중심으로 능히 셀 수 없는 큰 무리가 있다고 했다. 이 말씀은 마치 농사에 첫 소산 맏물과 마지막 소산 끝물이 있듯이 첫 소산인 십사만 사천을 중심으로 후에 끝 소산으로 셀 수 없이 많은 자들이 이방으로부터 온다는 것이다. 그러므로 끝물인 수많은 무리 속에 드는 2차 부활보다 새노래를 부르는 맏물인 십사만 사천의 첫째 부활에 참여하는 자가 복이 있다는 것이 다.계 20:4-6[253)]

기독교복음선교회는 재림 때에 재림 주님을 믿고 따르는 사람들이 곧 요한계시록에서 말하는 십사만 사천이라고 해석한다. 이제 신천지에서 주장하는 십사만 사천이 무엇인지 살펴보도록 하겠다. 신천지는 비유풀이와 계시록 풀이 성경공부를 하며, 초급, 중급, 고급과정으로 구성되어 있다. 이만희는 '인 맞은 시온산의 144,000인'이라는 제목으로 글을 썼다. 먼저 십사만 사천을 이해하기 위해 시온산에 대해 알아볼 필요가 있다. 이만희는 시온산에 대해 다음과 같이 말했다.

본문은 시온산에 어린양이 섰고 그와 함께 144,000인이 섰는데 그 이마에 어린양과 아버지의 이름이 쓰여져 있고 이들이 구속함을 받아 하나님 보좌 앞에서 새 노래를 배운다고 한다. 그렇다면 어린양과 하나님의 보좌가 함께하는 본문의 시온산은 어디

253) 세계청년대학생MS연맹, 『초급편』 (서울: 세계청년대학생MS연맹 기획실, 출판연도 불명), 223-4.

인가? 천국에 소망을 둔 사람이라면 누구라도 이 구원의 처소를 알아야 하니 다음 참조에서 이곳을 깨달아 알자....하나님께서는 시온산에 왕을 세웠다고 하시고시 2:6 이사야 28장 16절에서는 시온에 기촛돌을 두었다 하셨으며, 이사야 16장에서는 양떼를 보내야 할 곳이 시온산이라고 하셨다. 참조에서 본 바 시온산은 여기 있다, 저기 있다고 할 수 없는 곳이다. 다만 하나님께서 택하여 세운 목자가 사로잡혀 있는 백성들을 구원시켜 모은 장막이 시온산이요 성읍사 60:14인 것이다.254)

이만희는 영적으로 사로잡혀 있는 백성들을 구원시킨 목자가 있는 장막이 시온산이라고 주장한다. 다음으로 이만희는 십사만 사천에 대해 다음과 같이 말했다.

본문의 인 맞은 144,000인은 성읍과 족속 중에서 하나와 둘씩 추수하여 모은 알곡들이다. 이는 초림 예수님이 마태복음 13장에서 약속하신 추수의 사건이 본장에서 응한 것이며 그 알곡이 추수되어 온 곳이 하나님의 보좌 앞 이곳 시온산이다. 이들의 이마에 아버지와 아들의 이름을 쓴 것이 있다 함은 이들이 하나님의 사람이요 성전이 되므로 주님의 이름으로 문패를 단 것과 같다. 즉 이들은 시온산에서 말씀으로 양육을 받아 하나님과 예수님께 인정인 맞음 받은 자들이라는 말씀이다. 시온산에 모인 자

---

254) 이만희, 『천국비밀계시』, 246-7.

는 한 지파에 12,000씩 열두 지파 모두 144,000인이 다.계 7: 이
들은 마태복음 24장 31절과 같이 예수님께서 천사들과 함께 오
셔서 사방에서 모은 자들이요 본장 14-16절과 같이 익은 곡식
으로 추수되어 온 자들이다. 이들이 하나님의 보좌 앞렘 3:14-17
에서 새 노래를 배우는데 이들 밖에는 능히 새 노래를 배울 자
가 없다고 한다. 그 이유는 하나님의 보좌가 약속대로 이들에게
만 오셨기 때문이요 오늘날까지 봉해졌던 책이 이곳에서 처음
으로 펼쳐져 공개되기 때문이 다.계 10: 그러므로 펼쳐진 책의 말
씀이 곧 새 노래이며, 이곳에 추수되어 온 자들만 이 새 말씀새 노
래으로 양육받게 되기 때문에 이곳 144,000인들만 이 새 노래를
배우게 된다는 것이다.… 이 시온산에는 10장에서 책을 받은 약
속의 목자가 있다. 이 목자는 2-3장에서 일곱 교회 사자에게 편
지한 자요, 계시록 전장을 보고 듣고 증거하는 자이다. 그리고
예언과 성취된 실상을 알려주는 목자이다.[255)]

이만희는 예언과 성취된 실상을 알려주는 시온산의 목자를 만나 새 노래
즉 새 말씀을 배우는 사람들이 십사만 사천이라고 주장한다.

---

255) Ibid., 248-50.

〈표 1〉 기독교복음선교회와 신천지의 요한계시록 십사만 사천에 대한 해석

단체명	대표자	해석
기독교 복음선교회	정명석	재림 때, 재림 주님을 중심으로 당세에 믿고 따른 자들. 즉 정명석을 재림주, 메시아로 믿고 따르는 JMS 신도들.
신천지 예수교 증거장막성전	이만희	시온산에서 약속의 목자로부터 말씀으로 양육을 받아 하나님과 예수님께 인정받은 자들. 즉 이만희를 약속의 목자로 믿고 따르는 신천지 신도들.

〈표 1〉은 기독교복음선교회와 신천지의 요한계시록 십사만 사천에 대한 해석을 요약한 것이다. 두 단체의 공통점은 인간 교주 정명석과 이만희를 믿고 따르는 신도들의 집단을 십사만 사천으로 해석하는 것이다.

2. 이단의 십사만 사천 주장에 대한 정통교회의 반증

기독교복음선교회에서 주장하는 재림 때, 재림 주님은 정통교회에서 해석하는 것과 다르다. 그들이 말하는 재림 때를 이해하기 위해서는 정명석이 주장하는 시대구분을 이해해야 한다. 정명석은 시대구분을 구약시대, 신약시대, 성약시대로 나눈다. 그리고 재림 주님 즉 메시아는 정명석 자신을 의미한다. 2004년 5월 22일 수료식에서 정명석은 신도들에게 다음과 같이 말했다.

> 루터 죽고 400년 있다가, 1546년에서 400년 더하면 얼마죠
> 1946년이잖아. 메시아는, 재림주는 1946년, 1945년에서 6년,
> 왜, 양력으로 따질 때 음력으로 따질 때 있잖아. 1945년생이나
> 1946년생에서 메시아가 결정된다는 것입니다.[256]

---

256) 정윤석, "성도들이 꼭 알아야 할 JMS의 실체" [온라인자료] http://www.kportal-

1945년생인 정명석은 자신이 성약시대의 재림 주님 즉 메시아라고 주장한다. 정명석과 기독교복음선교회에서 말하는 십사만 사천은 정명석을 재림 주님으로 믿고 따르는 사람들을 의미하는 것이다. 이것은 정통교회의 삼위일체론, 구원론, 종말론과 대치되며 성경의 교훈을 왜곡하고 부정하는 것이다.

신천지와 이만희는 시온산에 예언과 실상을 알려주는 목자가 있고, 그를 통해 계시 말씀인 새 노래를 부를 수 있다고 주장한다. 그들이 말하는 시온산은 신천지를 지칭한다. 신천지의 교회명이 신천지 예수교 증거장막성전 시온교회이다. 성경에서 시온은 하나님의 구원을 상징한다. 사도 바울은 로마교회에게 "그리하여 온 이스라엘이 구원을 받으리라 기록된 바 구원자가 시온에서 오사 야곱에게서 경건하지 않은 것을 돌이키시겠고"라고 말했다. 롬 11:26 반면 정통교회를 바벨론이라고 지칭하면서, 정통교회 목회자들을 삯꾼, 거짓 목자라고 칭한다. 신천지와 이만희가 말하는 십사만 사천은 이만희를 보혜사, 평화의 사자, 만왕의 왕, 계시록의 예언의 말씀을 성취한 목자, 이긴 자로 믿고 따르는 신천지 신도들을 의미한다.

그러나 정통교회의 십사만 사천의 해석은 이단들의 해석과는 확연하게 다르다. 십사만 사천은 요한계시록 7장과 14장에 총 3번 기록되어 있다. 〈표 2〉는 요한계시록 십사만 사천이 기록된 성경구절을 정리한 것이다.

news.co.kr/news/articleView.html?idxno=13428, 2023년 12월 5일 접속.

<표 2> 요한계시록 십사만 사천이 기록된 성경구절

장절	성경구절
요한계시록 7장 14절	"내가 인침을 받은 자의 수를 들으니 이스라엘 자손의 각 지파 중에서 인침을 받은 자들이 십사만 사천이니"
요한계시록 14장 1절	"또 내가 보니 보라 어린 양이 시온 산에 섰고 그와 함께 십사만 사천이 서 있는데 그들의 이마에는 어린 양의 이름과 그 아버지의 이름을 쓴 것이 있더라"
요한계시록 14장 3절	"그들이 보좌 앞과 네 생물과 장로들 앞에서 새 노래를 부르니 땅에서 속량함을 받은 십사만 사천 밖에는 능히 이 노래를 배울 자가 없더라"

우선 십사만 사천은 12 12 1000을 근거한 계산에서 나온 것으로, 하나님의 백성을 구약의 열두 지파와 신약의 열두 사도에 기반을 둔 기독교 종말론 해석이다.[257] 십사만 사천에 대한 정통교회의 다양한 해석이 있었는데. 데이비드 E. 아우네David E. Aune는 다음과 같이 말했다.

(1) 이스라엘의 신실한 남은 자들, (2) 유대인 출신의 그리스도인들, (3) 기독교 순교자들 (4) 유대인들과 이방인들로 이루어지는 전체 그리스도인들, 즉 하나님의 이스라엘엡 2:11-19, 또는 (5) 유대인들이 그들의 위치를 거부했기 때문에, 주로 이방인들로 이루어지는 그리스도인들.[258]

---

257) David E. Aune, 『요한계시록(중)』, 『WBC 성경주석』, 김철 역 (서울: 솔로몬, 2010), 202.

258) Ibid., 201-2.

로버트 마운스Robert H. Mounce는 십사만 사천을 열둘의 자승에 천을 곱한 것으로써 하나님의 백성 즉 교회를 상징한다고 해석한다.[259] 이필찬은 십사만 사천을 하나님을 믿는 신구약 백성들 즉 하나님의 교회 공동체를 상징하는 숫자로 해석한다.[260] 이광진은 십사만 사천의 여러 해석들을 소개하면서 가장 설득력 있는 해석은 12×12=1000이고, 구원받은 하나님의 백성의 상징적 수라고 말한다. 12×12는 열두 지파와 열두 사도를 근거한 선택받은 사람들, 1000은 충만함을 의미한다고 해석한다.[261] 오광만은 십사만 사천을 이스라엘 선택된 자들만을 지칭하는 것이 아니라 참 이스라엘인 교회 즉 구원받은 모든 사람들이라고 해석한다.[262]

〈표 3〉 요한계시록 십사만 사천에 대한 신학자들의 주장

신학자	해석
데이비드 E. 아우네 David E. Aune	하나님의 백성을 구약의 열두 지파와 신약의 열두 사도에 기반을 둔 기독교 종말론적 해석함.
로버트 마운스 Robert H. Mounce	열둘의 자승에 천을 곱한 것으로써 하나님의 백성 즉 교회를 상징한다고 해석함.
이필찬	하나님을 믿는 신구약 백성들 즉 하나님의 교회 공동체를 상징하는 숫자로 해석함.
이광진	12×12는 열두 지파와 열두 사도를 근거한 선택받은 사람들, 1000은 충만함을 의미한다고 해석함.

---

259) Robert H. Mounce, 『요한계시록』, 『NICNT』, 장규성 옮김 (서울: 부흥과개혁사, 2019), 212.

260) 이필찬, 『내가 속히 오리라』 (서울: 도서출판 이레서원, 2011), 363.

261) 이광진, 『요한계시록』 (대전: 도서출판 대장간, 2012), 308.

262) 오광만, 『영광의 복음 요한계시록』 (서울: 생명나무, 2011), 212.

| 오광만 | 이스라엘 선택된 자들만을 지칭하는 것이 아니라 참 이스라엘인 교회 즉 구원받은 모든 사람들이라고 해석함. |

〈표 2〉는 요한계시록 십사만 사천에 대한 정통교회 여러 신학자들의 주장을 요약 정리한 것이다. 십사만 사천은 구약시대와 신약시대의 하나님의 백성 즉 구원받은 모든 사람들을 의미하는 상징적 표현이라는 것이 정통교회 신학자들의 공통된 해석이다. 정명석의 기독교복음선교회와 이만희의 신천지는 자신들의 교주를 믿고 따르는 신자들만이 요한계시록에서 말하는 십사만 사천이라고 주장하는 반면에 정통교회는 신구약 시대 하나님의 백성의 총합 곧 구원받은 모든 교회로 이해하고 있다.

연구자는 정통교회 여러 신학자들의 해석에 이의가 없다. 요한계시록의 십사만 사천은 하나님의 인침을 받은 자들이다. 인침을 받았다는 것은 하나님의 소유와 보호함을 의미한다. 이것을 달리 표현하면 하나님의 섭리가 있다고 말할 수 있겠다. 섭리는 하나님의 보존과 통치를 뜻하는 신학주제loci이다.263) 그리고 십사만 사천은 인구 계수이다. 구약성경의 인구 조사는 민수기에 나온 다.민 1:1-19 민수기의 인구 조사는 전쟁에 나가서 싸울 수 있는 20세 이상의 남자들을 파악하기 위해 실시되었 다.민 1:3 그런데 인구 계수가 신약성경 요한계시록에 재차 등장한다. 이것은 성경적, 신학적으로 중요한 의미가 있다는 것을 의미한다. 요한계시록의 십사만 사천은 지상에서 믿음의 선한 싸움을 싸우는 영적 군인으로서의 교회를 상징한다. 그리고 믿음의 선한 싸움을 다 마친 지상의 교회는 하나님의 보좌가 있는 천국에서 영

263) 피영민, 『1689 런던침례교 신앙고백서 해설』(서울: 요단출판사, 2018), 104.

광을 누리게 될 것이다. 정리하면 십사만 사천은 선한 싸움을 싸우는 영적 군인으로서의 교회이면서 종국에는 하나님의 구원을 받아 천국에서 영광을 얻는 영광스러운 교회라는 양면성을 동시에 보여주는 것이다.

Ⅲ. 이단들의 짐승의 표 육백육십육 해석과 성경적 반증

1. 이단들의 육백육십육 해석: 기독교복음선교회와 신천지의 주장

기독교복음선교회는 30개론 초급편 제4장 공중휴거 보론에서 육백육십육을 다루고 있다. 육백육십육의 근거 구절을 요한계시록 9장 13절부터 18절까지 말씀이라고 말한다.

> "여섯째 천사가 나팔을 불매 내가 들으니 하나님 앞 금단 네 뿔에서 한 음성이 나서 나팔 가진 여섯째 천사에게 말하기를 큰 강 유브라데에 결박한 네 천사를 놓아주라 하매 네 천사가 놓였으니 그들은 그 년, 월, 일, 시에 이르러 사람 삼분의 일을 죽이기로 예비한 자들이더라 마병대의 수는 이만만이니 내가 그들의 수를 들었노라.... 이 세 재앙 곧 저희 입에서 나오는 불과 연기와 유황을 인하여 사람 삼분의 일이 죽임을 당하니라" 계 9:13-18

본문에는 어디를 보더라도 육백육십육이 나오지 않는다. 그런데 기독교복음선교회는 숫자 이만만과 삼분의 일을 가지고 육백육십육을 설명한다.

정명석은 다음과 같이 말했다: "마병대 수가 이만만 즉 2 만 만=2억이며, 그 중의 1/3이라고 했다. 2억의 1/3은 66,666,666이다. 영육간의 싸움으로 죽는 사람의 수가 66,666,666이라는 것이다."[264] 그리고 요한계시록 13장 17절부터 18절을 인용한다. "누구든지 이 표를 가진 자 외에는 매매를 못하게 하니 이 표는 곧 짐승의 이름이나 그 이름의 수라 지혜가 여기 있으니 총명 있는 자는 그 짐승의 수를 세어 보라 그 수는 사람의 수니 육백육십 육이니라"계 13:17-18 정명석은 요한계시록 13장 17절부터 18절에 나오는 육백육십육에 대해 다음과 같이 말했다.

> 수학은 수학을 해석하듯이 성경은 순수하게 성경이 풀어 준다. 지혜가 여기 있다고 했는데 문제도 성경, 답도 성경인데 성경만 읽으면 답이 나온다. 여기서 짐승 수는 사람 수로 666이라고 했다. 곧 666이란 흑암의 수, 사탄이 손댈 수 있는 한계의 수, 사탄이 침범 가능한 숫자이다. 고로, 죽는 사람의 수가 666이라는 것이다.… 고로, 지구촌이 다 멸망하는 것이 아니라 오직 전쟁터에 참가한 사람, 전쟁의 주관권, 전쟁 지역에 들어 있는 사람들만 죽게 된다는 것이다. 실제로 시대의 전쟁마다 전쟁이 일어난 지역과 전쟁에 참가한 사람들만 죽었다. 역사적으로 양차 대전의 희생자에 대한 통계를 살펴보면, 2차 세계대전 약 5천만 명 등 각각 66,666,666의 범위 내에서 사상자가 생겼고 한계를 넘지 못했다. 이러므로 설혹 3차 전쟁이 일어난다고 해도 화를 입어 죽는 사람의 수도 66,666,666의 한계 안에 들어 있다는 것이다.[265]

264) 세계청년대학생MS연맹, 『초급편』, 219.
265) Ibid., 219-20.

기독교복음선교회는 육백육십육을 일부 세대주의 종말론자들이 주장하는 크레딧 카드, 바코드, 생체에 이식하는 마이크로 칩으로 해석하지 않는다. 육백육십육 짐승의 표를 이마나 오른 손에 받는 것은 행실과 사상이라고 해석한다. 역사적으로 행실과 사상이 일치하는 사람들이 매매, 왕래를 했고, 행실과 사상이 일치하지 않는 사람들은 적대시하면서 이단으로 정죄하거나 출교를 시켰다고 주장한다. 이 과정에서 영적 전쟁과 육적 전쟁이 발발하여 많은 사람들이 죽었는데, 제한 없이 죽는 것이 아니라 하나님께서 정하신 범위 내에서 사상자가 발생한다고 말한다.[266] 기독교복음선교회와 정명석의 육백육십육에 대한 해석을 요약하면 육백육십육은 전쟁 중에 죽는 사람들의 수이고, 66,666,666에 대한 상징적 표현이라고 해석한다. 또 오른 손과 이마에 표를 받는 것 역시 상징으로서 사람의 행실과 사상이라고 주장한다.

신천지와 이만희는 요한계시록 13장 16절부터 18절까지 말씀을 근거하여 육백육십육을 구원이 없는 영적 바벨론이라고 칭하는 정통교회와 특별히 목회자들에게 적용되는 비유 말씀으로 해설한다. 신천지는 본문의 표를 받는 것은 '인정하고 인정받는 것', '인치고 인 맞는 것'이라고 해석한다. 이만희는 요한계시록 13장의 육백육십육과 관련하여 표 받는 것, 매매를 못하는 것, 육백육십육을 비유로 풀어 다음과 같이 말했다.

이마와 손에 표를 받았다고 한 것은 이들이 짐승을 참 목자로 인정하므로 안수 받고 손을 들어 맹세했다는 말이다. 본문은 이 표가 없는 자는 매매를 못한다고 한다. 이 매매는 진주 장사하는 것

---

266) Ibid., 220.

을 말하는 것마 13:45-46으로 진주는 하나님의 말씀을 뜻한다. 따라서 표가 없는 자는 매매를 못하게 한다는 말은 누구든지 이 짐승계 19:20 거짓목자을 인정하는 자 외에는 단상에 서서 목회 곧 말씀을 증거하지 못하게 한다는 말이다.... 짐승의 이름 666은 솔로몬의 세입금의 중수 666 금 달란트를 빙자하여 비유한 말씀이다. 그러므로 짐승의 이름인 666은 짐승이 소유하고 있는 금이 아니라 지식교법의 분량을 두고 한 말이다. 이처럼 성경이 역대의 인명느부갓네살, 솔로몬과 지명바벨론, 이스라엘을 빙자하여 비유로 말씀하신 것은 그 때와 같다고 하셨기 때문이다.눅 17:26-30[267)]

신천지와 이만희의 짐승의 표 육백육십육에 대한 해석은 첫째, 표와 인의 의미 둘째, 이마와 오른 손의 의미 셋째, 매매의 의미 넷째, 육백육십육의 의미로 나누어서 정리 할 수 있다. 이들의 주장을 요약하면 다음과 같다. 첫째, 하나님의 표와 인은 하나님의 말씀을 뜻하는 것이고, 사단의 표와 인은 사단의 교리를 뜻하는 것이다. 둘째, 이마에 표를 받는 것은 짐승의 교법으로 안수 받는 것을 뜻하고, 오른 손에 표 받는 것은 짐승의 표를 인정하는 것을 손을 들고 선서하는 것이다. 셋째, 매매는 영적인 것으로써 말씀을 듣고 전하는 행위를 뜻하는 것이다. 넷째, 육백육십육은 구약 솔로몬 때의 사건을 빙자, 비유하여 계시록 때에 성도들을 미혹하는 거짓 목자와 거짓 교리를 뜻하는 것이다.[268)]

267) 이만희, 『천국비밀계시』, 238-40.
268) 신천지, "계 13장의 '666'의 참 의미는?" [온라인자료] https://www.bing.com/

〈표 4〉는 기독교복음선교회와 신천지의 요한계시록 육백육십육에 대한 해석을 요약 정리한 것이다. 기독교복음선교회와 정명석은 육백육십육을 전쟁에서 죽는 사람의 수라고 주장하고, 신천지와 이만희는 계시록 때에 성도들을 미혹하는 거짓 목자와 거짓 교리라고 해설한다. 두 단체를 비교할 때, 공통점은 육백육십육을 비유로 해석하며, 자신들은 짐승의 표 육백육십육과는 전혀 상관이 없는 참 진리, 참 복음, 참 구원, 참 시온, 참 정통, 참 목자로 주장하고 있는 것을 확인 할 수 있다.

〈표 4〉 기독교복음선교회와 신천지의 요한계시록 육백육십육에 대한 해석

단체명	대표자	해석
기독교 복음 선교회	정명석	1. 육백육십육: 영적, 육적 전쟁 중에 죽는 사람들의 수로써 66,666,666을 축소한 것. 전쟁 중에 죽는 사람들로서 하나님께서 정하신 한계. 2. 오른 손과 이마에 표를 새기는 것: 행실과 사상을 비유한 것. 행실과 사상이 같은 사람들과는 매매, 왕래를 하지만, 행실과 사상이 다른 사람들은 출교, 이단으로 정죄 당하기 때문에 영적 싸움과 육적 싸움을 치르게 됨.
신천지 예수교 증거장막 성전	이만희	1. 육백육십육: 계시록 때에 성도들을 미혹하는 거짓 목자와 거짓 교리 2. 짐승의 표와 인: 사단의 교리교법 3. 이마에 표를 받는 것: 짐승거짓목자의 교법으로 안수 받는 것을 뜻하고, 오른 손에 표 받는 것은 짐승의 표를 인정하는 것을 손을 들고 선서하는 것. 4 매매: 영적인 것으로써 말씀을 듣고 전하는 행위를 뜻하는 것. 바벨론으로 지칭하는 정통교회에서는 안수 받지 못하고 선서하지 못한 사람들을 단상에 서지도 못하게 하고 이단으로 규정함.

videos/riverview/relatedvideo?&q=%ea%b5%90%eb%a6%ac%eb%b9%84%ea%b5%90+666&&mid=614E74270C4243192991614E74270C4243192991&&-FORM=VRDGAR, 2023년 12월 6일 접속.

2. 이단의 육백육십육 주장에 대한 정통교회의 반증

전통적으로 요한계시록은 신비하면서도 두렵고 위험한 성경으로 인식되어왔다. 『기독교강요』와 같은 명저서를 남긴 종교개혁가 존 칼빈John Cal-vin 조차도 요한계시록과 거리를 두었다. 그는 요한계시록 주석 뿐 아니라 설교도 남기지 않았다.[269] 교회사적으로 정통교회는 요한계시록과 거리를 두는 경향이 농후했다. 물론 지금은 이런 경향이 완화되어 가고 있지만 그래도 여전히 요한계시록은 두렵고 무서운 성경으로 생각하는 성도들이 많이 있다. 그 두려움의 대표적인 예가 짐승의 표 육백육십육일 것이다. 이런 이유 때문에 국내외 이단, 사이비 단체에서는 육백육십육을 이용하여 많은 사람들을 미혹하고 있다. 위에서 기독교복음선교회와 신천지의 육백육십육에 대한 해석을 살펴보았다. 그들의 불건전하고 왜곡된 해석이 문제라면 이제 정통교회의 올바른 해석이 어떻게 되는지 연구할 필요가 있다. 국내외 신학자들이 말하는 육백육십육에 대해 살펴보도록 하겠다.

M. 유진 보링M. Eugene Boring은 육백육십육을 네로 황제Neron Caesar를 지칭한다고 말한다. 고대에는 헬라어, 히브리어, 라틴어 알파벳은 숫자로 사용되었는데, 요한계시록에서 육백육십육은 '사람의 수'계 13:18라고 해석한다.[270] 또 '사람의 수'는 '이름의 수'계 13:17이기도 하다. 아우네Aune는 육백육십육을 해석하는 세 가지 접근법-(1) 게마트리아gematria, (2) 삼수 triangualr mumbers, (3) 묵시 문헌에 나오는 수의 일반적인 상징적 의미-을 제

---

269) 송영목, 『요한계시록』 (서울: SFC출판부, 2019), 11.
270) M. Eugene Boring, 『요한계시록』, 『현대성서주석』, 소기천 역 (서울: 한국장로교출판사, 2011), 236-7.

시했다. 이 중에서 대부분의 학자들이 가장 지지하는 것이 게마트리아 해석이라고 말했다. 네로 황제 즉 네로 카이사르의 히브리어 알파벳 음가를 모두 더하면 666이 된다.[271] 송영목은 바다에서 나온 짐승의 수 육백육십육 εξακοσιοι εξηκοντα εξ헥사코시오이 헥세톤타 헥스은 네로 황제를 지칭하며, 이것은 고대에 히브리어와 헬라어의 알파벳을 숫자로 표기하는 히브리어로 게마트리아gematria [272]라고 부르는 용법이 육백육십육에 적용된 것으로 보았다.[273] 네로 황제를 히브리어N=50, R=200, W=6, N=50, Q=100, S=60, R=200쓰게 되면, 알파벳의 총합이 육백육십육이 된다.[274] 박정식은 육백육십육이 게마트리아라는 것에 동의한다. 단 네로 황제 이름의 게마트리아라기 보다는 짐승으로 번역된 헬라어 θηριον세리온이 육백육십육이라고 해석한다. 그 이유는 θηριον의 알파벳 숫자의 총합이 육백육십육이 되기 때문이다.[275] 이달은 육백육십육을 네로 황제로 해석하는 것이 가장 설득력이 있다고 말한다. 그러나 네로 황제 개인에게만 국한시키는 것은 아니라고 주장한다. 이달은 육백육십육에 대해 다음과 같이 말했다: "666은 주후 1세기 말의 로마 제국만을 의미하는 것이 아니라, 네로의 특성을 가지고 등장하는 네로의

---

271) David E. Aune, 『요한계시록(중)』, 『WBC 성경주석』, 695-6.

272) 로버트 마운스(Robert H. Mounce)는 게마트리아를 다음과 같이 설명했다. "고대 세계에서 알파벳 글자는 숫자의 기능을 했다. 첫 아홉 글자는 1에서 9까지의 숫자를 나타냈고, 그 다음 아홉 글자는 10에서 90까지를 나타내는 식으로 계속 이어지는 것이다. 당시 통용되던 헬라어 알파벳에는 글자가 충분하지 않았기에, 더 이상 쓰지 않는 어떤 글자나 기호가 이 숫자 체계에 차용되었다. 따라서 모든 이름은 숫자를 만들어 냈다.... 유대인들에게 이런 관습은 게마트리아(Gematria)로 알려졌다." Robert H. Mounce, 『NICNT』, 『요한계시록』, 335.

273) 송영목, 『요한계시록』, 252.

274) Ibid.

275) 박정식, 『요한계시록』 (서울: 기독교문서선교회, 2008), 224.

화신이라는 의미에서 시대를 초월해서 하나님을 대적하는 모든 압제적이고 불의한 악의 세력에 해당 될 수 있다."[276]

<표 5> 요한계시록 육백육십육에 대한 신학자들의 주장

신학자	해석
M. 유진 보링 M. Eugene Boring	게마트리아 용법으로 네로 황제로 지칭함.
데이비드 E. 아우네 David E. Aune	세 가지 해석법을 제시했고, 대다수의 학자들은 게마트리아 접근을 통해 네로 황제를 지칭한다고 설명함.
송영목	게마트리아 용법이며 네로 황제를 지칭함.
박정식	육백 육십 육은 게마트리아라는 것에 동의함. 단 짐승으로 번역된 헬라어 θηριον세리온이 육백 육십 육이라고 해석함.
이달	네로 황제로 해석하는 것이 가장 설득력 있다고 말함. 그러나 네로 황제 개인에게만 국한시키는 것은 아니라고 주장함.

《표 5》는 요한계시록 육백육십육에 대한 여러 신학자들의 주장을 요약, 정리한 것이다. 국내외 정통교회에 속한 묵시문학 또는 신약학 전문가들 대다수가 지지하는 요한계시록 13장의 육백육십육 해석은 게마트리아 용법이 적용된 네로 황제네론 카이살의 히브리어 음가의 총합이다.

위에서 요한계시록 13장의 육백육십육에 대한 기독교복음선교회와 신천지 그리고 정통교회 묵시문학 전문가들의 해석을 정리해서 기술했다. 우선 기독교복음선교회와 정명석은 육백육십육을 전쟁에서 죽는 사람의 수라고 해석하지만 정통교회는 죽는 사람이 아닌 사람 이름의 수라고 해석한다. 또한 신천지는 거짓 교리와 거짓 목자를 육백육십육이라고 해설한다.

---

276) 이달, 『요한계시록』(서울: 한국장로교출판사, 2014), 241.

신천지의 이만희는 자신을 보혜사라고 주장한다. 이런 주장이 거짓이고 성경을 왜곡하는 것이고 삼위일체 하나님을 모독하는 것이다. 그들은 정통교회를 육백육십육이라고 지칭하지만 오히려 신천지 자신들의 교리가 거짓이고, 자신을 보혜사라고 주장하는 이만희가 거짓 목자이다.[277]

육백육십육은 성경 전체적으로 요한계시록에 한번 등장한다. 요한계시록 13장 18절에 "지혜가 여기 있으니 총명한 자는 그 짐승의 수를 세어 보라 그것은 사람의 수니 그의 수는 육백육십육이니라"고 말씀하고 있다. 신구약 66권 성경 중 요한계시록에 단 한번 나오는 주제이다. 성경에 자주 등장하는 어린양, 목자, 불, 기름, 씨, 밭 등과 같은 주제는 성경적 용례가 많기 때문에 해석하기가 수월하다. 그러나 단 한번 나오는 육백육십육과 같은 주제는 다른 성경에서 용례를 찾을 수 없기 때문에 해석을 함에 있어 더욱 신중해야 할 필요가 있는 것이다. 연구자는 요한계시록을 연구하면서 육백육십육에 대한 관심을 기울였으며, 정통교회 묵시문학 전문가들과 같이 네로 황제의 게마트리아 용법이라는 것에 동의한다. 요한계시록이 기록되었을 때는 A.D. 95년경이었기 때문에 네로 황제가 통치하던 때가 아니었다. A.D. 95년에 로마를 지배하고 있던 왕은 도미티안 황제이다. 그는 황제예배를 로마제국의 지배를 받는 사람들에게 강요했고, 하나님이라는 칭호를 받았다. 황제 예배 때 사람들은 도미티안을 찬양하면서 "우리 주요, 우리 하나님"Dominus et Deus noster라고 소리쳤다.[278] 이런 상황 속에서 그리스도인

---

277) 신천지 총회장 이만희는 저서 『계시』에서 자신을 '증인 이만희 보혜사'라고 소개했다.
278) 박수암, 『요한계시록』 (서울: 대한기독교서회, 1998), 104.

들은 극심한 핍박을 받았고, 황제 숭배를 거부한다는 이유로 순교자들이 속출했다. 그 당시 황제 숭배를 하는 사람들은 참예했다는 증표를 받은 후, 일상생활과 경제생활을 자유롭게 할 수 있었다. 이 증표를 리벨루스libellus라고 한다.[279] 그러나 황제 숭배를 거부하는 사람들은 표가 없었기 때문에 일상생활과 경제생활을 할 수 없을 뿐만 아니라 애국심이 없는 사람으로 간주되어 고통을 받았다. 이 모든 일의 중심에는 도미티안 황제가 있었고, 그래서 도미티안 황제는 제2의 네로 황제라는 별칭을 얻었다. 요한계시록 13장의 육백육십육이라는 이름을 가진 짐승은 제2의 네로 황제로 불린 도미티안 황제를 상징한다고 볼 수 있다. 연구자는 연구자의 저서에서 요한계시록 13장 육백육십육이 주는 신앙적 교훈에 대해 다음과 같이 말했다.

> 지금도 육백육십육과 같은 인물들이 나타나 교회를 극심하게 핍박한다. 분명한 것은 예수님께서 다시 오시는 그날까지 육백육십육과 같은 사람과 그를 추종하는 세력들은 역사 속에서 계속 일어난다는 것이다. 그러나 요한계시록은 육백육십육과 같은 사람과 그를 따르는 추종자들이 받는 하나님의 심판을 보여주고 있다. 반면 육백육십육과 같은 사람에게 굴복하지 않고 믿음을 지킨 교회와 성도들은 하나님께서 예비하신 새 하늘과 새 땅이라는 복이 있다는 것을 본문을 통해 말씀하고 있다.[280]

279) 유재덕, 『거침없이 빠져드는 기독교역사』(서울: 도서출판 브니엘, 2008), 76.
280) 김주원, 『이단대처를 위한 요한계시록으로 정면돌파』(경기도: 기독교포털뉴스, 2019), 113.

연구자는 청소년 시기에 짐승의 표 육백육십육에 대한 공포 때문에 매일 두려움을 가지고 생활했던 경험이 있다. 지금에 와서 생각해보면 요한계시록의 주제가 짐승의 표 육백육십육이 아닌데, 임박한 종말론과 세대주의 종말사상에 심취한 자들의 불건전하고 왜곡된 주장에 영향을 받아서 두려움을 가지고 생활했던 것이다. 연구자는 정통교회가 짐승의 표 육백육십육을 물리치고 하나님의 백성들을 구원하는 성삼위일체 하나님을 더욱 강조해야 한다고 생각한다.

IV. 이단들의 아마겟돈 전쟁 해석과 성경적 반증

1) 이단들의 아마겟돈 전쟁 해석: 기독교복음선교회와 신천지의 주장

이단을 크게 분류하면 교주형 이단과 교리형 이단이 있다. 교주형 이단에 속한 사람들은 자신들의 지도자가 예수님으로부터 계시를 받아서 성경을 해석하고 가르쳐준다고 믿는다. 이것은 기독교복음선교회와 신천지도 동일하다. 기독교복음선교회는 30개론 성경공부에서 다음과 같이 말했다.

오늘날 기독교 종말론자들은 말세에 아마겟돈므깃도 골짜기에서 큰 전쟁이 일어날 것으로 믿고 있다. 계시록 9장 13절-21절을 아마겟돈 전쟁으로 풀고 이 아마겟돈 전쟁은 인류 최후의 전쟁으로 3차 대전으로 확산된다는 것이다.... 예수님은 어떻게 이 전쟁 문제를 푸셨는가? 예수님이 선생님에게 가르쳐 주신 것을 보자.[281]

---

281) 세계청년대학생MS연맹, 『초급편』, 219.

기독교복음선교회는 아마겟돈 전쟁에 대해 예수님이 정명석에게 계시하여 가르쳐주었다고 주장한다. 요한계시록 16장 12절부터 16절에 나오는 아마겟돈 전쟁에 대해 다음과 같이 말했다.

> 오늘날 아마겟돈 전쟁을 중동전 혹은 3차 세계대전으로 풀기도 하는데 이 문제 역시 성경을 문자 그대로 풀어서 생긴 잘못이다. 아마겟돈 전쟁은 영적인 전쟁으로 종교적인 전쟁, 진리의 전쟁, 사상의 전쟁을 말한다. 여기서 용은 사탄을 말하며 짐승은 인사탄을 말하며 짐승의 입은 인본주의 사상 곧 사람 중심의 생각을 가지고 악평하고 원망한다는 것이다. 선지자는 믿는 자 중에서 무엇인가 안다고 하는 지도자들을 말한다. 고로, 선지자의 입이란 믿는 자 중에서는 선지자같이 생각하면서 나간다는 것이다. 개구리 영이란 입만 가지고 사는 것이다. 즉 사탄의 주관을 받고 말의 전쟁을 시작한다는 것이다. 그러므로 사탄의 주관을 받고 안 믿는 사람들이 인본주의에 의하여 인성적인 주관으로 판단한다는 것이다. 역사적으로 예수님 시대 때 나름대로 이런 상황이 일어났다. 지금 이 시대는 제2의 이스라엘 민족을 중심으로 인본주의와 신본주의, 카인과 아벨, 비진리 대 진리의 정신적, 사상적 주관권의 전쟁을 치르고 있다.[282]

요약하면 기독교복음선교회와 정명석은 아마겟돈 전쟁을 비유로 해석

---

282) Ibid., 224.

하는데 '정신-사상의 전쟁'이라고 해석한다. 이제 신천지와 이만희가 말하는 아마겟돈 전쟁에 대해 살펴보도록 하겠다. 우선 신천지도 기독교복음선교회와 같이 자신들의 교주가 아마겟돈 전쟁에 대해 계시를 받았다고 주장한다. 신천지는 다음과 같이 말했다: "이 전쟁터를 알려면 이 사건을 본 오늘날의 사도 요한 격인 목자를 만나 증거를 받아야하고 사건의 노정을 알아야 한다."[283] 신천지와 이만희는 요한계시록 16장 12절부터 16절까지 말씀을 해설한다. 이들의 해설은 비유풀이다. 유브라데의 강물은 짐승의 목자들이 전하는 교리이고, 하나님의 심판을 받아 이 교리가 비진리로 판명되어, 이 교리가 없어진다고 설명한다. 반면 증거 하신 심판과 진노의 말씀이 길이 되어, 비진리에 사로잡힌 사람들이 이 길을 따라 나오게 된다고 주장한다.[284] 신천지와 이만희는 아마겟돈 전쟁을 비유로 풀이하면서 다음과 같이 말했다.

> 본문은 개구리 같은 더러운 귀신의 영이 용과 짐승과 거짓 선지자의 입에서 나와 하나님과 전쟁을 하기 위해 아마겟돈이라 하는 곳으로 천하 임금들을 모은다고 한다. 이것은 용과 짐승과 거짓 선지자의 마음이 귀신의 집이기 때문에 귀신의 영이 비진리를 통해 그들의 입에서 나온다는 말씀이요, 육적 이스라엘 나라의 전쟁터를 빙자한 아마겟돈이라는 곳에 하나님의 사자들과 싸우기 위해 왕들 곧 목자들을 모은다는 말씀이다. 계시록 13장

---

283) 이만희, 『천국비밀계시』, 292.

284) Ibid., 290-1.

의 장막 백성들이 인도자로 인해사 9:16 본문의 용과 짐승으로부터 안수받고 경배하였으며, 그 입에서 나오는 마귀의 영을 받았으니, 이 말씀을 전하는 사도 요한의 증거를 받으려고 하겠는가? 그러므로 개구리 같은 세 더러운 영이 전쟁을 위해 목자들을 모으는 것이다. 그러면 오늘날의 전쟁터는 어디인가? 마태복음 24장에서 오늘날의 전쟁터는 예루살렘이라 하였고 계시록 13장에는 하나님의 장막 성전이라고 하였다"[285]

요약하면 신천지와 이만희가 주장하는 아마겟돈 전쟁은 신천지 12지파 하나님의 장막 성전의 목자와 그를 따르는 사람들과 사탄의 목자들과 그들을 따르는 사람들 사이에 벌어지는 교리의 전쟁이라고 말하는 것이다. 즉 하나님 나라와 사단의 나라가 싸우는 영적 전쟁터가 아마겟돈 전쟁이라는 것이다.

〈표 6〉 기독교복음선교회와 신천지의 요한계시록 아마겟돈 전쟁에 대한 해석

단체명	대표자	해석
기독교 복음선교회	정명석	아마겟돈 전쟁을 비유로 해석하고, '정신–사상의 전쟁'으로 해석함.
신천지예수교 증거장막성전	이만희	하나님 나라와 사단의 나라가 각자의 교리를 가지고 싸우는 영적 전쟁으로 해석함.

〈표 6〉은 기독교복음선교회와 신천지의 요한계시록 아마겟돈 전쟁에 대

---

285) Ibid., 291-2.

한 해석을 요약한 것이다. 두 단체의 공통점은 아마겟돈 전쟁을 비유로 풀이한다는 것이다. 그리고 교주 정명석과 이만희가 계시를 받아서 알게 된 말씀이라고 주장한다.

2) 이단의 아마겟돈 전쟁 주장에 대한 정통교회의 반증

국내외 정통교회 신학들이 요한계시록 16장 12절부터 16절까지에 나오는 아마겟돈 전쟁에 대해 어떻게 해석을 하고 있는지 알아보도록 하겠다. 조지 비슬리 머레이Joyce G. Bealey-Murray는 므깃도에는 전혀 산이 없다고 말하면서 묵시문학적 표현으로 이해한다. 그는 아마겟돈을 비밀이라고 말하면서 요한계시록 16장 아마겟돈 전쟁은 장소가 아닌 사건을 가리키는 것이라고 말하면서 결론적으로 표현하면 하나님께 대적하기 위해 일어난 악인들의 최후의 봉기를 의미하는 것으로 해석한다.[286] 찰스 탈버트Charles H. Talbert 묵시문학적 관점에서 요한계시록을 집필했다. 그는 므깃도는 평지이고 산이 없다는 것을 강조하면서 아마겟돈은 특정 장소를 의미하는 것이 아니라고 단정한다.[287] 탈버트는 아마겟돈에 대해 다음과 같이 말했다.

> "이것은 묵시론적 신화에서 마귀의 지도력을 따라 온 세상의
> 왕들이 싸움을 벌이는 종말론적 마지막 전투가 벌어지는 곳을
> 가리킨다고 보는 것이 좋을 것이다."

---

286) D. A. Carson, et al., 『신약』, 『IVP성경주석』, 830.
287) Charles H. Talbert, 『묵시록』, 안효선 역 (서울: 에스라서원, 2001), 131.

김광수는 아마겟돈을 악의 세력과 하나님 왕국 사이의 최후의 대결 장소라고 말하면서, 묵시문학에 등장하는 지명은 상징성을 가지고 있기 때문에 구체적인 지명보다는 범세계적 전쟁 상황을 의미한다고 말한다.[288] 권성수는 요한계시록 16장의 유브라데와 아마겟돈이 동일한 상징적 의미를 가지고 있다고 해석한다. 유브라데는 상징적인 것으로써 하나님께 속한 백성과 마귀에게 속한 백성들을 갈라놓은 경계선을 의미한다고 말한다. 그런데 하나님의 백성, 하나님의 군대가 거주하고 상주하는 곳을 향해 유브라데 밖에 주둔한 불신자들의 군대가 영적인 전쟁을 일으키는 것이라고 주장한다.[289] 권성수는 아마겟돈에 대해 다음과 같이 말했다.

므깃도 언덕은 유명한 전쟁터이기 때문에 본문에서 그것을 영적인 전쟁터로 상징적으로 사용한 것이다. 아마겟돈이 상징적으로 사용되었다는 것은 9장 11절과의 비교에서도 드러난다.... 말씀에서 황충들의 임금이 사단이라는 것을 상징적으로 표현할 때 "히브리 음으로 이름은 아바돈"이라는 식으로 표현했다. 이처럼 16장 16절에서도 아마겟돈이 상징적인 의미가 있다는 것을 "세 영이 히브리 음으로 아마겟돈이라 하는 곳으로 왕들을 모으더라"고 한 것이다.

히브리어 아마겟돈은 므깃도의 산인데, 실제로 므깃도는 산이 아닌 평야 지역이다. 오광만은 이 부분을 착안하여 아마겟돈을 실제 장소로 이해하지 않는다. 그는 아마겟돈 전쟁에 대해 다음과 같이 말했다.

---

288) 김광수, 『요한계시록 하나님의 심판과 구원의 복음』(대전: 침례신학대학교출판부, 2017), 528.
289) 권성수, 『요한계시록』(서울: 선교횃불, 2001), 352-3.

"'아마겟돈'은 짐승의 왕국과 그리스도의 왕국 사이에 계속 있었던 전쟁 중에서 최종적이고 결정적인 전쟁이 벌어진다는, 하나님의 마지막 심판 장소를 의미하는 상징적인 용어로 이해해야 한다."[290]

〈표 7〉 요한계시록 아마겟돈 전쟁에 대한 신학자들의 주장

신학자	해석
조지 비슬리 머레이 Joyce G. Bealey -Murray	묵시문학적 표현으로써, 아마겟돈 전쟁은 장소가 아닌 사건을 가리키는 것이고, 하나님께 대적하기 위해 일어난 악인들의 최후의 봉기를 의미함.
찰스 탈버트 Charles H. Talbert	묵시론적 신화에서 마귀의 지도력을 따라 온 세상의 왕들이 싸움을 벌이는 종말론적 마지막 전투 사건을 의미함.
김광수	아마겟돈은 악의 세력과 하나님 왕국 사이의 최후의 대결 장소로써, 묵시문학에 등장하는 지명은 상징성을 가지고 있기 때문에 구체적인 지명보다는 범세계적 전쟁 상황을 의미함.
권성수	므깃도 언덕은 유명한 전쟁터이기 때문에 본문에서 아마겟돈을 상징적인 의미를 가진 영적인 전쟁터로 해석함.
오광만	짐승의 왕국과 그리스도의 왕국 사이에 계속 있었던 전쟁 중에서 최종적이고 결정적인 전쟁이 벌어지는, 하나님의 마지막 심판 장소를 의미하는 상징적인 용어로 이해함.

〈표 7〉은 요한계시록 아마겟돈 전쟁에 대한 여러 신학자들의 주장을 간략하게 정리한 것이다. 각 신학자들의 아마겟돈에 대한 해석이 약간의 차이는 있지만 전반적으로는 묵시문학의 상징적인 표현으로서 하나님의 백성과 군대와 마귀의 백성과 군대가 벌이는 최후의 영적인 전쟁이 일어나는 장

---

290) 오광만, 『영광의 복음 요한계시록』, 314.

소와 사건이라는데 일치하고 있다.

연구자는 위에서 언급한 요한계시록과 관련한 묵시문학 전공자들과 신약학자들의 책을 연구하면서 아마겟돈 전쟁 역시 묵시서라는 관점으로 이해해야 한다는 생각을 했다. 극단적 종말론과 세대주의 사상을 가지고 요한계시록을 해석하는 사람들은 동방의 군대와 유럽 서방군대의 무력 충돌로 해석하기도 한다. 이것을 제 3차 세계대전으로 부르고 있고, 그 이후에 천년왕국이 도래한다고 주장하는 사람들도 있다. 반면 기독교복음선교회와 신천지의 경우는 비유로 해석을 한다. 상징과 비유는 유사점이 있기 때문에 정통교회와 비슷한 해석을 하는 것 같다. 그러나 확연하게 구별이 되는 것은 자신들의 교주를 중심으로 모인 무리들을 하나님의 백성과 군대로 인식한다. 정명석은 기독교복음선교회 신도들에게 포교해야 하는 이유를 말했는데, 사람들에게 포교를 해야 하는 이유는 '하늘 사상의 군사'로 만들기 위함이라고 말한다.[291] 반면 정통교회를 바벨론으로 간주하고 아마겟돈 전쟁에 참여한 용-짐승-음녀에게 속한 사람들로 해석한다. 이런 왜곡된 해석은 정통교회를 비방함으로 자신들의 집단의 우월성을 주장하기 위한 행위라고 할 수 있겠다. 연구자 김주원은 요한계시록 16장 아마겟돈 전쟁을 어떻게 이해해야 할 것인가에 대해 다음과 같이 말했다.

그렇다면 우리는 아마겟돈 전쟁을 어떻게 이해해야 할까? 마지막 때를 살아가며 예수님의 다시 오심을 소망하는 성도들에게 남아있는 싸움이 있다. 우리는 이것을 믿음의 선한 싸움이라고 부른다. 그런데 예수님께서 재림하실 시간이 점점 다가올수록 마귀와 대적자들의 미혹과 핍박은 점점 강해질

---

291) 세계청년대학생MS연맹, 『초급편』, 223.

것이다. 그러나 이들의 발악은 반드시 최후를 맞게 될 것이고, 오히려 믿음의 형제, 자매들은 하나님의 도우심으로 승리하여 새 하늘과 새 땅을 얻게 될 것이다. 이런 관점으로 요한계시록 16장을 볼 때, 아마겟돈 전쟁은 최후의 심판을 향해 가는 과정에 있는 필수 코스로써, 고난 중에 있는 성도들이 어떤 마음과 자세로 끝까지 믿음을 지켜야 할지 깨닫게 하는 말씀이다.[292]

요한계시록을 살펴보면 하나님의 심판이 소개되어 있다. 그것은 일곱 인, 일곱 나팔, 일곱 대접 심판이다. 연구자가 연구한 요한계시록 16장 아마겟돈 전쟁은 세 개의 심판 시리즈 중에 일곱 대접 심판 여섯 번째에 해당하는 것이다. 요한계시록 16장 12절부터 16절에 "또 여섯째 천사가 그 대접을 큰 강 유브라데에 쏟으매.... 세 영이 히브리어로 아마겟돈이라 하는 곳으로 왕들을 모으더라"고 말씀하고 있다. 세 개의 심판 시리즈의 특징은 심판의 범위가 제시된다는 것이다. 일곱 인은 1/4, 일곱 나팔은 1/3, 일곱 대접은 전체를 대상으로 하나님의 심판이 임한다. 이것은 아마겟돈 전쟁을 통한 하나님과 하나님의 백성을 핍박하고 대적하는 자들에게 하나님의 자비하심이 전혀 없는 최후의 심판이 일어나게 될 것을 상징적으로 표현한 것이다.

V. 나가는 말

사도 요한은 A.D.95년경에 밧모섬에서 유배를 가 있던 중에 환상을 통해 '예수 그리스도의 계시'계 1:1를 받았다. 복음서에 기록된 '소묵시록'의 확장판과도 같은 요한계시록은 세상 끝 즉 종말에 관한 묵시이고, 예언이고, 서신이다. 그래서 요한계시록을 개신교에서는 '요한계시록'으로, 가톨

---

292) 김주원, 『이단대처를 위한 요한계시록으로 정면돌파』, 132.

릭에서는 '요한묵시록'으로 명명하고 있다. 요한계시록이 묵시서이기 때문에 전통적으로 오해와 왜곡의 대상이 되어 온 것이 사실이다. 지금도 이단 종파들이 요한계시록을 지나치게 비유적으로 해석하거나 반대로 극단적 종말론적 입장에서 해석을 하고 있다. 왜곡된 해석은 사람들의 믿음과 생각을 타락시키고 결국 불건전한 행위로 나타나 개인적인 차원을 넘어 가정 그리고 사회적인 문제를 야기하는 사례들이 많이 발생하게 된다. 또 요한계시록에 대한 호기심과 궁금증을 가지고 있는 정통교회 성도들이 이단에 미혹될 수 있는 잠재군에 있다는 것이 정통교회 지도자들의 걱정이다.

이런 잠재적인 문제를 해결하기 위해서는 바른 종말론에 입각한 요한계시록 공부가 정통교회 안에서 왕성하게 일어나야 한다. 첫째는 정통교회 내부에서 묵시문학으로서의 요한계시록을 이해할 수 있도록 성도들을 대상으로 하는 교육이 개설될 필요가 있다. 둘째, 복음서와 소묵시록과 연관 지어서 요한계시록을 이해하는 노력이 요구된다. 셋째, 사도 요한을 통해 기록한 요한복음, 요한일서, 요한이서, 요한삼서를 우선적으로 공부한 후, 요한계시록 공부로 발전시키면 도움이 될 것이다. 요한계시록의 저자에 대해서는 여러 학자들의 의견이 있지만 전통적으로 예수님의 12제자 사도 요한이 기록한 것으로 이해하고 있다.[293] 넷째, 변증믿음의 변호를 위한 요한계시록 해석과 적용이 이루어 질 수 있도록 도움이 되는 성경공부와 신학교육이 실시되어야 한다. 전통적으로 이단 교리에 대한 연구는 조직신학에서 주로 다루었다. 반면 이단에 성도들이 미혹되지 않고, 이단에 빠진 사람들을 복음으로 돌아올 수 있도록 돕는 사역은 실천신학 전도학 분야에 속한다. 이

---

293) 김주원, 『이단대처를 위한 무한도전』 (대전: 도서출판 대장간, 2015), 97.

단을 연구하는 것은 이단을 비판하고 정죄하기 위함보다는 거짓 복음에 속고 있는 자들에게 바른 복음을 전하기 위한 실천의 영역이다. 이명희는 다음과 같이 말했다.

> 사람들을 구원의 길로 인도하고자 할 때 우리는 예수 그리스도를 통해 나타난 하나님의 진리에서 벗어난 잘못된 신앙을 가진 사람들을 발견하게 된다. 말로만 성경을 믿으며 말로는 예수님을 믿는다고 하고 하나님을 믿는다고 하지만 사실은 성경진리에서 떠나 있는 사람들을 이단이라고 한다.... 그들을 전도하기 위해서는 인내와 친절함과 유순함과 끈기가 있어야 하며, 하나님의 능력으로 그들을 인도하여 잘못된 신앙을 바로잡아 주고 하나님의 말씀을 가르쳐야 한다.[294]

이단들은 요한계시록으로 사람들을 미혹하는 일에 집중하고 있다. 정통교회는 요한계시록에 담겨있는 복음 메시지를 활용해서 복음전도에 정진해야 할 사명이 있다. 요한계시록 7장 10절에 "큰 소리로 외쳐 이르되 구원하심이 보좌에 앉으신 우리 하나님과 어린 양에게 있도다 하니"라고 말씀하고 있다. 이 말씀은 요한계시록에서 말씀하고 있는 새 노래의 내용이다. 이단들은 새 노래를 요한계시록 안에 감추어져 있는 영적인 비밀스러운 지식이라고 주장하면서 정통교회 성도들을 미혹하고 있다.[295] 영지주의 사상

---

294) 이명희 편저, 『전도학개론』 (서울: 보이스사, 2003), 328-30.
295) 김주원, 『이단대처를 위한 요한계시록으로 정면돌파』, 53-60.

에 물들어 있는 이단들은 자신들만이 구원을 얻을 수 있는 특별한 영적 지식을 소유하고 있다고 주장한다.[296] 이 모든 것은 거짓 복음이고 거짓 사도요, 거짓 선지자들의 행위이다.

더 이상 요한계시록이 정통교회 안에서 두려움과 공포의 말씀이 아니라 하나님의 섭리와 경륜이 담겨있는 구원을 위한 하나님의 복음과 예수 그리스도의 계시라는 것이 더욱 밝혀지기를 바란다.

---

296) 김주원, 『이단대처를 위한 진검승부』(대전: 도서출판 대장간, 2010), 33.

참고문헌

1. 단행본

Beeke, Joel.「청교도 전도」. 김홍만 옮김. 서울: 청교도신앙사, 2002.

Lloyd-Jones, D. Martyn. 『성부하나님, 성자하나님』. 강철성 역. 서울: 기독교문서선교회, 2008.

Bruce, F. F.『초대교회역사』. 서영일 역. 서울: CLC, 2009.

Gonzalez, Justo L. 『기독교사상사Ⅰ』. 이형기, 차종순 옮김. 서울: 대한예수교장로회총회출판국, 1988.

Green, Michael.「현대전도학」. 박영호 역. 서울: 기독교문서선교회, 1994.

Hoekema, Anthony A.「개혁주의구원론」. 류호준 역. 서울: 기독교문서선교회, 1990.

Lloyd Jones, D. M.「전도설교」. 박영호 역. 서울: 기독교문서선교회, 1984.

-----「복음설교」. 박영호 역. 서울: 기독교문서선교회, 1987.

Packer, J. I.「복음전도란 무엇인가」. 조계광 옮김. 서울: 생명의말씀사, 2012.

Payne, J. D.「복음전도」. 허준 옮김. 서울: 요단출판사, 2020.

Reid, Alvin.「복음주의 전도학」. 임채남 옮김. 서울: CLC, 2018.

Scarborough, L. R.「전도학개론」. 이명희 옮김. 서울: 보이스사, 1985.

Smith, Oswald J.「구령의 열정」. 박광철 옮김. 서울: 생명의말씀사, 1996.

Talbert, Charles H.『묵시록』. 안효선 역. 서울: 에스라서원, 2001.

Terry, John Mark.「전도하는 교회가 성장한다」. 김태곤 옮김. 서울: 생명의말씀사, 2011.

권성수.『요한계시록』. 서울: 선교횃불, 2001.

김경천.『거짓을 이기는 믿음』. 수원: 기독교포털뉴스, 2019.

김광수.『요한계시록』. 대전: 침례신학대학교출판부, 2017.

김건남, 김병희.『신탄』. 경기도: 도서출판 신천지, 1985.

김세윤.『주기도문강해』. 서울: 두란노, 2000.

김주원.『이단대처를 위한 진검승부』. 대전: 도서출판 대장간, 2010.

-----『이단대처를 위한 바이블로클리닉』. 대전: 도서출판 대장간, 2011.

-----『이단대처를 위한 무한도전』. 대전: 도서출판 대장간, 2015.

-----『이단대처를 위한 요한계시록으로 정면돌파』. 경기도: 기독교포털뉴스, 2019.

라은성.『정통과 이단상』. 서울: 도서출판 그리심, 2008.

박수암.『요한계시록』. 서울: 대한기독교서회, 1998.

박옥수.『죄사함·거듭남의 비밀 1』. 서울: 기쁜소식사, 2003.

박정식.『하나님의 사랑 요한계시록』. 서울: 기독교문서선교회, 2008.

박형용.『사복음서 주해』. 서울: 합신대학원출판부, 2009.

배창돈.「대각성전도집회 소그룹교재」. 서울: 주필로, 2016.

백상현.『이단 사이비, 신천지를 파헤치다』. 서울: 국민일보기독교연구소, 2014.

세계청년대학새MS연맹.『초급편』. 서울: 세계청년대학새MS연맹기획실, n.d.

-----『고급편』. 서울: 세계청년대학새MS연맹기획실, n.d.

송영목.『요한계시록』. 서울: SFC출판부, 2019.

오광만.『영광의 복음 요한계시록』. 서울: 생명나무, 2011.

유재덕.『거침없이 빠져드는 기독교역사』. 서울: 도서출판 브니엘, 2008.

은혜로교회.『그 피고가 와서 밝히느니라』. 경기도: 은혜로교회, 2019.

이광진.『요한계시록』. 대전: 도서출판 대장간, 2012.

이달.『요한계시록』. 서울: 한국장로교출판사, 2014.

이만희.『천국비밀계시』. 경기도: 도서출판 신천지, 1998.

이명희 편저.『전도학개론』. 서울: 보이스사, 2003.

-----.「현대전도론」. 대전: 하기서원, 2013.

이필찬.『내가 속히 오리라』. 서울: 도서출판 이레서원, 2011.

정동섭, 이영애.『구원파를 왜 이단이라 하는가?』. 서울: 죠이선교회, 2006.

정명석.『비유론』. 서울: 도서출판 명, 1998.

조은태.『전도학총론』. 서울: 타문화권목회연구원, 1995.

차종순.『교회사』. 서울: 한국장로교출판사, 1992.

탁지일.『이단』. 서울: 두란노아카데미, 2011.

탁지원.『신천지와 하나님의 교회의 정체』. 서울: 월간현대종교, 2007.

피영민.『1689 런던침례교 신앙고백서 해설』. 서울: 요단출판사, 2018.

현대목회실천신학회 편.『팬데믹 상황에서 들어야 할 말씀』. 수원: 기독교포 털뉴스, 2021.

현대종교 편집국.『이단 및 말 많은 단체』. 서울: 월간현대종교, 2018.

2. 주석 및 사전류

Aune, David E.『요한계시록중』.『WBC 성경주석』. 김철 역. 서울: 솔로몬, 2010.

Boring, M. Eugene,『요한계시록』.『현대성서주석』. 소기천 역. 서울: 한국장 로교출판사, 2011.

Carson, D. A, et al.『신약』.『IVP 성경주석』. 김재영, 황영철 역. 서울: 한국기 독학생회출판부, 2005.

Mounce, Robert H.『요한계시록』.『NICNT』. 장규성 옮김. 서울: 부흥과개혁 사, 2019.

3. 미간행물

김주원. "이단 신천지 미혹에 대한 효과적인 대처법 연구-주원침례교회를 중심으로." 박사학위논문, Midwestern Baptist Theological Seminary, 2018.

4. 온라인자료

• 신천지 "계 13장의 '666'의 참 의미는?" [온라인자료] https://www.bing. com/videos/riverview/relatedvideo?&q=%ea%b5%90%eb%a6%ac%eb %b9%84%ea%b5%90+666&&mid=614E74270C4243192991614E7427 0C4243192991&&FORM=VRDGAR. 2023년 12월 6일 접속.

- 정윤석, "성도들이 꼭 알아야 할 JMS의 실체" [온라인자료] newsicleV-iew.html?idxno=134 28. 2023년 12월 5일 접속.
- "질병관리청" [온라인자료] https://nih.go.kr/board/board.es?mid=a4030 3010000&bid=0015&act=view&list_no=716802, 2021년 9월 19일 접속.